はじめに

2020年12月4日、ある法律が第203回臨時国会において成立し、同月11日に公布されました――働く人がみずから出資し運営に携わる「協同労働」という新しい働き方を実現する、「労働者協同組合法」です。同法の施行日である2022年10月1日より、「出資」「経営」「労働」が三位一体となった法人・労働者協同組合の設立が可能となりました。

労働者の「働き方」については、これまでもさまざまな試みがなされてきました。たとえば裁量労働制やフレックスタイム制は、時間面で働き方に幅を持たせるものです。キャリアのなかで1つの企業に縛られずに副業（複業）を行う人も増えています。特に近時のコロナ禍は、テレワーク・リモートワークの実現や仕事のデジタル化の促進など、私たちの働き方を一変させました。

いま、私たちの働き方にはさまざまな選択肢があります。ここに加わった新たな選択肢が、「協同労働」です。この協同労働は、地域の課題解決を目的として、働く人が労働者協同組合に出資をして組合員となり、組合員それぞれの意見を反映して組合の事業を行い、組合員みずからが事業に携わる働き方です。たとえば株式会社では原則として出資・経営・労働が分離していますが、労働者協同組合では、組合員がそのすべてを担うことになります。企業の指揮命令下で働くのではなく、働く人が仲間と協同して主体的に働くことができる点で、とても画期的な働き方であり、注目を集めています。労働者協同組合に法人格が認められるようになったことで、法人としての保護を受けながら、働く人がみずからの手でみずからが働く場所をつくる――そんな理想が実現しやすくなりました。

ここで少し、自己紹介をさせてください。

私たち NPO 法人 協同労働協会 OICHI（オイチ）は、起業支援を目的とする法人です。シェアオフィスの提供や、ビジネスプランの企画立案のノウハウの提供、起業後の集客セミナーの開催などにより、起業に挑戦したい方、起業したばかりの方を支援することを事業内容としています。多くの方が地元地域で起業することで、地域に雇用が生まれ、仕事が生まれる。なにより自宅と職場が近くなることで、地元にいる時間、地元で生活する時間が増える。これにより地域の経済が発展する――そんなところを目指して活動しています。

このビジネスを始めるきっかけとなったのは、私たち自身が起業しようとしたときに直面した悩みでした。オフィスをどうするか考えたときに、当時はまだ、安価に拠点をつくることのできるシェアオフィスもあまりない時代。かといって、いきなり事務所を借りるほどの資金も自信もない。でも、自宅の住所や電話番号を名刺やホームページに掲載するのはためらわれる……。

結局、OICHI は代表の自宅を本社として設立されたのですが、「起業の一歩目の、『事務所を構える』ことのハードルが高すぎる。地域に、同じような悩みを持っている人はいないだろうか」、OICHI を立ち上げた仲間で相談し、お金を出し合い、シェアオフィスとして提供するためのスペースを借りて、シェアオフィス事業がスタート。以後、自分たちの手で宣伝を行うなど試行錯誤しながら運営を続け、利用いただく人を増やしてきました。

そう、地域の課題を解決することを目指して、みずからが出資してみずから経営を行い、そしてみずからが働く―― OICHI は「協同労働」を体現してきた法人なのです。本書には、この OICHI の実体験に基づく、「協同労働」を成功させるためのノウハウも詰め込まれています。

労働者協同組合は、各人が生活との調和を保ちつつその意欲および能力に応じて就労する機会が必ずしも十分に確保されていない現状等を踏まえ、多様な就労の機会の創出を促進するために創設されることとなったものです。その事業目的として、介護、障害福祉、子育て支援、地域づくりなど、持続可能で活力ある地域社会の実現が掲げられており、「地域に貢献する」という大きなやりがいを感じながら、自分自身の力を活かして活躍することができるものと思います。

仕事は、人生の多くを費やすことになるものです。その仕事をする上で、自分自身の手で、自分自身が働く場所をつくり、そうして自分自身がイキイキと働くことができたなら、こんなにすばらしいことはありません。

「あなたの手で、あなたが働く場所をつくる」――ぜひ、協同労働を、あなたの働き方の新しい選択肢にしていただきたいと思います。本書がその一助となれれば幸いです。

CONTENTS

terayama
CAFE

STEP 3　事業をスタートしよう

STEP 4　労働者協同組合を設立しよう

STEP 5　事業計画の再点検をしよう

STEP 6　1年の締めくくりをしよう

EXTRA　これからの「協同労働」

登場人物紹介

坂井さん（37 歳・男性）

とある企業の管理職として働くかたわら、副業に興味を持ち、いずれは自分の力で独立して独自のビジネスを展開したいと、起業について熱心に勉強している。野心家で前向きな性格。メンバーのリーダー的な存在で、その信頼もあつい。

中松さん（44 歳・男性）

地主の次男で、ふだんは家族の所有物件の管理をしながら、悠々自適に暮らしている。マイペースで、細かいことはあまり気にしない大らかな性格。難しそうな問題にチャレンジすることや、先頭に立ってみんなを引っ張るようなことは、ちょっと苦手。

山口さん（28 歳・女性）

WEB 系のフリーランスとして働くノマドワーカー。これからもっと地域とのつながりを持ち、地元での仕事を増やしたいと考えている。明るいムードメーカーだが、勢いで進もうとしがちなメンバーたちのブレーキ役となることも多い。

寺山さん（54 歳・女性）

調理師。素材にこだわった料理の研究家。自宅で料理教室を開催しているが、もっと多くの人に自分の料理を食べてもらいたいと、機会を探している。面倒見がよく、ハキハキとした性格。手を抜くのが苦手で、完璧主義なところもある。

大嶋先生（43 歳・男性）

坂井さんたちの地元の飲み仲間。しかしてその実体は、幅広い知識と人脈を持つ、頼れる社会保険労務士。つねづね、地元でビジネスを起こす人たちをもっと応援したいと思っており、今回の労働者協同組合（ワーカーズ・コープ）設立に際し、坂井さんたちに親身にアドバイスする。

【凡例】

本書では、特に断りのない限り、次の略称を使用いたします。

法	労働者協同組合法（令和2年法律第78号）
法施行令	労働者協同組合法施行令（令和4年政令第209号）
法施行規則	労働者協同組合法施行規則（令和4年厚生労働省令第89号）

STEP 0

「協同労働」という働き方について知ろう

1
新しい働き方のキーワード「協同労働」

僕はサラリーマンとしてずっと働いてきたわけなんだけどさ、ここんとこ、もう会社っていう組織の駒として働くのは十分だろって思いがいよいよ強くなってきてね。勉強だってしてきたし、そろそろ真剣に、ビジネスの立上げに挑戦してみようと思ってるんだ。元手になる資金もできたしさ。

坂井さん、前からずっと、起業したい、自分の力を試してみたいって言ってたもんねぇ。応援する！ でも、もちろんわかってるだろうけどさ、組織ってやつを離れて働くのもラクじゃないよ。私だって実際のところ、落ち着いて仕事ができる場所探しにいーっつも苦労してるしさ。このへんに地元のノマド民の拠点みたいなところがあれば、地域のネットワークだってもっともっとつくれるだろうし、最高なんだけどなぁ。

僕もハコの問題は頭が痛いよ。仕事が軌道に乗るまではできるだけ経費は抑えなきゃだけど、事務所用にどこか借りるとなったら家賃もバカにならないし、かといって自分ちの住所やら電話番号やらをオープンにして仕事するってのはちょっとなぁって考えちゃうし。

それならさ、ホラ、駅前の一丁目商店街。そこのウチの物件が、ずっとテナント募集中なんだ。どう？ そこ、なんかうまく使えない？ たしかカフェかなんかの居抜きで、テーブルとか椅子とか、パソコンたたくのくらいには使えそうな設備もそれなりに揃ってるし、使ってもらえるなら家賃も安くするよ。

へえぇ。もしかしたら、僕や山口さんみたいな人が集まって、そこをみんなで有効活用する、なぁんてこともできるかもしれないね！ それをビジネスにするってのも考えられるかも！

実現したら日頃の苦労も解消されそう！　その話、私も一枚嚙みたいな！

ウチの物件を使ってもらえるってことなら、僕も大家ってわけだからね、大いに協力させてもらうよ！

頼もしいね（笑）。でも、僕と中松さんと山口さんと――組織としてビジネスをするってなると、結局、誰かがトップに立って指示を出すとか命令するとか……サラリーマン的な働き方をするってことになっちゃうのかな？　そういうんだとちょっとイヤだなぁ……。

それなら、皆さんでワーカーズ・コープをつくってみたらいいかもしれませんよ。

ん？　ワーカーズ……って何だい、それ？

「協同労働」とか「労働者協同組合」って、聞いたことありませんか？**「自分たちの手で働く場所をつくって、そこで仲間と協同しながらそれぞれが主体的に働く」という、働き方の新しい選択肢ができた**んです！

「協同労働」って何だろう？

「協同」という言葉を辞書などに当たると、【同じ目的を達成するため、心を合わせ、力を合わせ、助け合って事に当たること】と定義されています。この精神・理念に「労働」という視点を加えた働き方が「協同労働」であり、その特徴は、「出資」・「経営」・「労働」の三位が一体となっている点にあります。生活する上で必要不可欠な賃金・報酬を得るために、みずから出資して、みずから経営を行い、そしてみずからが労働を行う――みんなが同じ方向を向き、力を合わせてビジネスを進めていく仕事のしかたであるといえます。

こう言うと、みんなが力を合わせて仕事をするっていうのは、協同労働に限らずどこでもやっている、ごくあたりまえのことなんじゃないの？……そう思う方もいらっしゃるかもしれませんね。

現代の企業の多くは、いわゆる営利法人です。営利法人では、出資者（配当や株主優待を求めて経営者に資金を提供する人）、労働者（賃金を得るために経営者に労働（力）を提供する人）、経営者（企業利益に応じた報酬を受けるために資金と労働力を駆使して事業を運営する人）は分離されており、それぞれをそれぞれの目的・業務に特化させることで効率化を図り、利益を生み出しています。そのなかで、出資者や経営者は、お金を稼ぐことに注力するあまり、ときに労働者の立場に疎くなり、労働者のことを考えなくなってしまうことがあります。また、労働者は仕事があたりまえにある環境と日々のルーティン業務に慣れてしまい、いつしか新しいことに挑戦する意欲や自己研鑽欲を失ってしまうこともあります。組織として、「個」ではなく「全体」「全体の利益」を優先して、「個」を押し込めなければならないようなことも出てくるでしょう。長く会社勤めをしてきた坂井さんは、こうした働き方にうんざりしているようですね。

この点、協同労働は、働く個々人が出資し、働く個々人により企業運営が行われ、働く個々人みずからが事業に従事することを基本原理とする働き方です。自分が出資しているからこそ主体的に企業運営に関与して一生懸命に働く。自分が運営するからこそ知恵を出し、意欲的に自分のスキルを高めようとする。自分が働くからこそ「個」の意見が通る働きやすい職場がつくれる。これにより、真に「協同」の理念が実現できるのが、協同労働の働き方です。

「協同」の理念に基づく法人：「労働者協同組合」

【同じ目的を達成するため、心を合わせ、力を合わせ、助け合って事に当たる】――協同の理念自体は新しいものではなく（「会社の社訓によくありそうだな」と思った方もいらっしゃるのではありませんか？）、この理念・精神に基づく働き方（協同労働を体現した働き方）は、これまでもありました。ことさら大嶋先生が「新しい選択肢ができた」と言うのは、「労働者協同組合法」（令和２年法律第78号）ができたことで、新たに同法に基づく法人「労働者協同組合」（ワーカーズ・コープ）の設立が可能となったことを指します。

労働者協同組合とは、協同労働の理念・精神を実現すべく、組合員が出資し、それぞれの意見を反映して組合の事業を行い、組合員みずからが事業に従事することを基本原理とする組織です。「生活との調和を保ちつつ、意欲・能力に応じて就労する」という機会が必ずしも十分に確保されていない現状等に鑑み、前記の基本原理に基づく組織である組合を通じて多様な就労の機会を創出し、地域における多様な需要に応じた事業を実施することで、持続可能で活力ある地域社会を実現することを期待して法制化されました（法１条）。出資・意見反映・労働が一体となった組織であって、地域に貢献し、たとえば介護・福祉、子育て、地域づくり、若者・困窮者支援といった地域課題を解決するための非営利の法人を、簡便に設立することができます。具体的には、設立にあたり行政庁による許認可等は必要なく、法律に定めた要件を満たし、登記をすれば、法人格が付与されます（準則主義）。

この法人においては、「組合員が出資し、それぞれの意見を反映して組合の事業が行われ、組合員みずからが事業に従事する」という基本原理に基づき、組合員は、加入に際して出資をし、組合の事業に従事します。組合は、組合員と労働契約を締結し、組合員は労働者のように法的な保護を受けることができます。出資配当は認められませんが、組合員が組合の事業に従事した程度に応じて、剰余金の配当を行うことが可能です。

法人を簡便に設立することができること、また組合員が労働者として労働諸法令に基づく法的な保護を受けることができることが、労働者協同組合の特徴です。

協同労働を働き方の新しい選択肢にしよう！

労働者協同組合は非営利の法人ではありますが、もちろんビジネスを行う組織であり、お金を稼ぐ組織であるという点は、営利法人と変わりません。ただ、営利法人がお金を稼ぐことを目的とし、その手段として働く場所をつくるのに対して、労働者協同組合は、働く場所を創設することを目的として、その働く場所を育み、育てていくための手段としてビジネスを展開するものです。法制化により、現在多い「組織のなかで労働者として働く」という働き方から脱却して働きたいという方にとって、自分自身の手で自分が働く場所をつくる、自分自身の手で自分が働きたいと思える場所をつくるということが実現しやすくなったものといえます。

人生の多くを仕事に費やすことになるなか、真に大事なのは、「自分が選択した」という意識を持って働くことだと感じます。数ある選択肢のなかから自分で選んで労働者になったというのであればよいですが、何も考えずに、この働き方があたりまえだから……と労働者になったのでは、同じ仕事をしていても、臨む姿勢も楽しさも、自分が選択して労働者になった人とは大きく変わってしまうでしょう。

「さまざまな働き方があるなか、自分はどのような働き方がしたいのか？」――労働者協同組合は、従来の法人に比べ、少ないリスクで、簡便に設立できる法人です。やりたいことがあるのなら、これまでとは違った働き方をしたいなら、「働き方」の選択肢のひとつに、「労働者協同組合を設立して働く」ことをぜひ加えていただきたいなと思います。

2
労働者協同組合の特徴

へえぇ、ワーカーズ・コープ、いいじゃない。まさに僕がやりたい働き方が実現できそうだね！

たしかに理念は立派よね。でも、法人にしちゃったら結局、ふつうの組織、ふつうの会社と変わらないことになっちゃいそうな気もするんだけど、そのあたりはぶっちゃけどうなのかしら？

えええぇ、そんなことある!?

理想に燃えてつくったはいいけれど……なんてことになっても困るじゃない！

では、労働者協同組合の、ほかの法人や組合とは異なる特徴をもう少しくわしくご説明しますね。

いろいろな「法人」

	労働者協同組合	株式会社（※株主）
根拠法	**労働者協同組合法**	会社法
目的	**基本原理に従い事業が行われることを通じて、持続可能で活力ある地域社会の実現に資する〔3条1項〕**	利益追及、ビジネスの拡大
中心的な性格		物的結合体（資本による結びつき）
事業	**■法3条1項に規定する目的を達成するため、事業を行う〔7条〕** **■定款に掲げる事業〔29条1項1号〕** ※ただし、労働者派遣事業の適正な運営の確保及び派遣労働者の保護等に関する法律（昭和60年法律第88号）2条3号に掲げる労働者派遣事業その他の組合がその目的に照らして行うことが適当でないものとして政令で定める事業を行うことができない〔7条2項〕	定款に掲げる目的〔27条1号〕
認可・許可の要否	**不要（準則主義）**	不要
設立要件	**組合員になろうとする3人以上の者が発起人となること〔22条〕**	資本金1円以上
組合員（社員）	**定款で定める個人〔6条〕**	無制限
責任	**有限責任。組合員の責任は、その出資額を限度とする〔9条5項〕**	有限責任〔104条〕
発起人数	**組合員になろうとする者3人以上〔22条〕**	1人以上
加入	**■組合員は、任意に加入することができる〔3条2項1号〕** **■組合員たる資格を有する者が組合に加入しようとするときは、組合は、正当な理由がないのに、その加入を拒み、またはその加入につき現在の組合員が加入の際に付されたよりも困難な条件を付してはならない〔12条1項〕** **■組合に加入しようとする者は、定款で定めるところにより加入につき組合の承諾を得て、引受出資口数に応ずる金額の払込みを完了した時に組合員となる〔12条2項〕**	株式譲受〔127条〕または増資割当〔199条以下〕による ※株式譲渡制限による制限あり〔136条〕
任意脱退	**組合員は、任意に脱退することができる〔3条2項1号〕**	株式譲渡〔127条〕または株式買取請求による〔140条〕

ひとくちに「法人」といっても、さまざまな種類があり、それぞれ特徴もあります。その内容をまとめてみました。

	事業協同組合	企業組合	商店街振興組合
	中小企業等協同組合法	中小企業等協同組合法	商店街振興組合法
	組合員間の相互扶助（共通目的達成のための共同事業と組合員相互の利益増進）	組合員である個人事業主、勤労者などが事業の適正化や労働機会を確保する	商店街地域の環境整備
	人的結合体（人間どうしの結びつき）	人的結合体（人間どうしの結びつき）	人的結合体（人間どうしの結びつき）
	組合員の事業を支援する共同事業〔9条の2第1項〕	商業、工業、鉱業、運送業、サービス業等の事業経営〔9条の10〕	商店街の環境整備、共同の経済事業〔1条、13条〕
	認可が必要〔27条の2第1項〕	認可が必要〔27条の2第1項〕	認可が必要〔36条1項〕
	4人以上の小規模事業者が参加すること〔24条1項〕	4人以上の小規模事業者が参加すること〔24条1項〕	1都道府県以内の区域を地区として商業・サービス業を営む事業者30人以上が近接してその事業を営むこと〔6条1項〕、および組合員たる資格を有する者の3分の2以上が組合員となり、かつ、総組合員の2分の1以上が小売商業またはサービス業に属する事業を営む者であること〔9条〕
	地区内の小規模事業者〔8条1項〕	個人および事業法人〔8条7項〕	地区内で商業・サービス業を営む者、定款で定めた者〔8条〕
	有限責任〔10条5項〕	有限責任〔10条5項〕	有限責任〔20条4項〕
	4人以上〔24条1項〕	4人以上〔24条1項〕	7人以上〔34条〕
	自由〔14条〕	自由〔14条〕	自由〔24条〕
	自由〔18条1項〕	自由〔18条1項〕	自由〔28条1項〕

	労働者協同組合	株式会社（※株主）
持分譲渡	組合員の持分は、譲渡することができない〔13条〕	原則として自由〔127条〕 ※株式譲渡制限による制限あり〔136条〕
死亡による脱退	組合員は、①組合員たる資格の喪失、②死亡、③除名によって脱退する〔15条1項〕	原則として相続承継※株式譲渡制限による制限あり〔136条〕
組合員比率	組合の行う事業に従事する者の4分の3以上は、組合員でなければならない〔8条2項〕	なし
従事比率	総組合員の5分の4以上の数の組合員は、組合の行う事業に従事しなければならない〔8条1項〕	なし
組合員の協業避止義務		なし
出資口数	組合員は、出資1口以上を有しなければならない〔9条1項〕	1人1株以上
1組合員（社員）の出資限度	1組合員の出資口数は、出資総口数の100分の25を超えてはならない〔9条3項〕	なし
議決権	組合員の議決権および選挙権は、出資口数にかかわらず平等〔3条2項3号〕	出資数による（一株一票）〔308条1項〕
役員構成（定数）	理事3人以上、監事1人以上〔32条2項〕	最低限、取締役1名〔326条1項〕
役員の資格	■理事は、組合員でなければならない（設立当時の理事は、組合員になろうとする者）〔32条4項〕 ■組合員の総数が1,000人を超える組合は、監事のうち1人以上は、次に掲げる要件のいずれにも該当する者でなければならない――①当該組合の組合員以外の者、②その就任の前5年間当該組合の理事もしくは使用人またはその子会社の取締役、会計参与、執行役もしくは使用人でなかったこと、③当該組合の理事または重要な使用人の配偶者または2親等内の親族以外の者	制限なし
員外利用限度		N/A
組合員（社員）との労働契約締結	組合は、その行う事業に従事する組合員（①組合の業務を執行し、または理事の職務のみを行う組合員、②監事である組合員を除く）との間で、労働契約を締結しなければならない〔20条〕	不要
配当	■出資配当は認められていない（非営利性） ■剰余金の配当は、定款で定めるところにより、組合員が組合の事業に従事した程度に応じてしなければならない〔77条2項〕	株式数に応じた配当〔454条3項〕
所管庁	個別の組合：都道府県知事 連合会：厚生労働大臣	事業を所管する大臣

出典：内閣府ホームページ、全国中小企業団体中央会ホームページ、農林水産省ホームページ、厚生労働省ホームページを基に、著者にて作成

	事業協同組合	企業組合	商店街振興組合
	組合の承諾が必要〔17条1項〕	組合の承諾が必要〔17条1項〕	組合の承諾が必要〔27条1項〕
	原則として脱退〔19条1項2号〕	原則として脱退〔19条1項2号〕	原則として脱退〔29条1項2号〕
	なし	業務従事者のうち3分の1以上が組合員〔9条の11第2項〕	なし
	なし	全組合員の2分の1以上が組合事業に従事〔9条の11第1項〕	なし
	なし	あり〔9条の11第3項〕	なし
	1人1口以上〔10条1項〕	1人1口以上〔10条1項〕	1人1口以上〔20条1項〕
	原則として、100分の25（合併・脱退の場合100分の35）〔10条3項〕※例外：組合員の数が3人以下の場合	原則として、100分の25（合併・脱退の場合100分の35）〔10条3項〕※例外：組合員の数が3人以下の場合	100分の25〔20条3項〕
	平等（一人一票）〔11条1項〕	平等（一人一票）〔11条1項〕	平等（一人一票）〔21条1項〕
	理事3人以上、監事1人以上〔35条2項〕	理事3人以上、監事1人以上〔35条2項〕	理事3人以上、監事1人以上〔44条2項〕
	理事の定数の3分の2は組合員〔35条4項〕	理事は組合員〔35条5項〕	理事の定数の3分の2は組合員〔44条4項〕
	原則として組合員の利用分量の100分の20以下〔9条の2第3項〕※例外：9条の2第3項ほか	制限なし	組合員の利用分量の100分の20以下〔13条3項〕
	不要	不要	不要
	利用分量に応じ、または年1割まで出資額に応じた配当〔59条2項〕	年2割まで出資額に応じた配当。さらに剰余があるときは組合業務に対する従事分量に応じた配当〔59条3項〕	利用分量に応じ、または年1割まで出資額に応じた配当〔69条2項〕
	都道府県内：都道府県知事 都道府県をまたがる場合：事業を所管する大臣〔111条1項1号〕	都道府県知事〔111条1項5号〕	市・特別区内：市長または特別区長 それ以外：主たる事務所所在地を所管する都道府県知事〔88条1号〕

法の理念から考える労働者協同組合の特徴

労働者協同組合法の目的は、次のように規定されています（法1条）。

> この法律は、各人が生活との調和を保ちつつその意欲及び能力に応じて就労する機会が必ずしも十分に確保されていない現状等を踏まえ、組合員が出資し、それぞれの意見を反映して組合の事業が行われ、及び組合員自らが事業に従事することを基本原理とする組織に関し、設立、管理その他必要な事項を定めること等により、多様な就労の機会を創出することを促進するとともに、当該組織を通じて地域における多様な需要に応じた事業が行われることを促進し、もって持続可能で活力ある地域社会の実現に資することを目的とする。

この基本原理中、「組合員が出資」、「それぞれの意見を反映」、「組合員自らが事業に従事」というポイントを軸として、労働者協同組合の各種法人・組合との違い、特徴を探っていきたいと思います。

ポイント①：組合員が出資する

出資とは、法人や組合が事業を営むために必要な資金として、金銭その他の財産、労務、信用を出捐《しゅつえん》することです。株式会社の株式を購入することも出資です。

ここで少し、出資について、株式会社を中心にお話ししましょう。株式会社の株の購入をする動機の１つに、配当や株主優待など、出資に応じた配当をもらえるというものがあります。逆にいえば、配当等が魅力的であれば、出資も受けやすいということです。より多くの出資が必要である場合には、配当等をより魅せる必要も出てきます。

ところで、「株式会社はだれのもの」だと思いますか？

株式会社に出資し、重要な決定（株主総会）に参加し、解散時には残余財産の分配を受ける株主こそ、会社の所有者というのにふさわしく、「株式会社は株主のもの」であるといえます。一方で、ステークホルダーという、会社で働く従業員や、会社の活動に関わる多くの人たちのもの、という考え方もあります。ステークホルダーを重視して、たとえば従業員に多額の給料や賞与を支払うと、会社はそれだけ負担が増えますので、配当等の額に影響が出るかもしれません。かといって、配当等を重視して従業員の賃金・賞与に影響が出るのも問題です。株式会社は、株主とステークホルダー、双方を大切にしながら会社を運営していくことが求められているのです。

株式会社以外でも、事業協同組合、企業組合、商店街振興組合等には、出資に応じた配当、出資配当があります。ただし、株式会社とは異なり、出資に応じた配当、出資配当には上限が設けられています。出資額そのものにも上限があります。出資金は事業を展開する上でとても大切なものですが、法律で出資額や配当額に上限を設けることで、よりステークホルダーを大切にせよとの姿勢を明確にしているといえるかもしれません。

さて、労働者協同組合に目を転じてみましょう。労働者協同組合には、出資配当が認められていません（事業従事の成果を分配するためのしくみとして、組合の事業に従事した程度に応じて組合員に剰余金を配当することは認められています）。これは、「労働者協同組合においてはステークホルダーが主役」ということを示しているのではないでしょうか。組織がステークホルダーのために存在しているともいえるでしょう。

でも、出資配当がないと、出資金を集めにくいのでは？……そう思う方もいらっしゃるかもしれませんね。そうした方は、先ほどの条文にもういちど当たってみてください。労働者協同組合の法制化の目的は、「多様な就労の機会を創出することを促進するとともに、当該組織を通じて地域における多様な需要に応じた事業が行われることを促進し、もって持続可能で活力ある地域社会の実現に資すること」です。つまり、労働者協同組合は、地域の課題に取り組むことにより地域に根づくこと、地域に賛同してもらえる事業を展開することを目的とする法人なのです。そうした事業に参画してくれ、ともに地域の課題の解決に取り組んでくれる仲間を集め、その仲間で出資し合って設立する――労働者協同組合は、配当といった見返りではなく、事業目的への賛同と協力を募ることによって出資金を集める法人なのであり、ステークホルダー・ファーストを明確にした法人であるといえます。

ポイント②：組合員それぞれの意見が反映される

組織における意思決定機関の最たるものは何でしょうか。株式会社でいえば、株主総会です。株主総会では一株一票が原則であり、多くの株を持つ株主、つまり多額の出資者は、必然的に大きな決定権を有することになります。株式会社においては、出資額の多い者の意向が反映されやすいともいえるでしょう。

事業協同組合、企業組合、商店街振興組合では、総会が最高意思決定機関となります。こちらは、出資額の多寡にかかわらず一人一票です。多くの賛同を得られた意見が通ることから、多くの人の意見を反映させることができるといえます。

さて、ここでひとつ、考えていただきたいことがあります。株主総会や総会に出席できるのはだれか、ということです。これは、そう、出資者ですね。意思決定において反映されるのは出資者の意向だということであり、当然のことといえます。

しかしながら、事業協同組合、企業組合、商店街振興組合においても、出資者以外の者も仕事に従事していることもあります。もちろん出資する・しないは個人の自由で強制されるべきものではありませんが、出資した人としていない人の割合が大きく乖離してしまうと、ごく一部の人たちの意思しか反映されない組織となってしまう懸念もあります。

そこで、企業組合においては、そもそも業務従事者の３分の１以上が出資者（組合員）でなければならないという制限が設けられています。また、全組合員のうち、２分の１以上は組合事業に従事していなければなりません。これは、少しでも多くの人たちの意見、少しでも多くの労働現場で働く人の意見を反映できるよう、法律によって制限をかけたものともいえます。あるいは、働いてくれる人に出資してもらえるような環境やしくみを構築していくこと、つまりは働きやすい環境を形成していくことがより求められる……そんなふうにもいえるのかもしれません。

労働者協同組合のたてつけは、この企業組合と近しいといえます。ただ、その制限はより厳しく、労働者協同組合の業務従事者の４分の３以上が出資者（組合員）である必要があり、総出資者（総組合員）のうち５分の４以上は労働者協同組合で働かなくてはなりません。多くの人たちの意見を反映させることが、より強く求められる組織なのだといえるでしょう。

労働者協同組合には、「多様な就労の機会を創出することを促進するとともに、当該組織を通じて地域における多様な需要に応じた事業が行われることを促進し、もって持続可能で活力ある地域社会の実現に資すること」（法１条）により多くの賛同と協力を得て事業を展開し、同時に多くの人に働いてもらえる場を形成することが求められるのです。

ポイント③：組合員みずからが事業に従事する

労働者協同組合は、多くの組合員（出資者）に働いてもらうことが求められる組織です。したがって、人が働きやすい環境を整備することが何よりも大事になります。その一環として、法は、労働者協同組合に対し、組合で働く人と労働契約を締結することを義務づけています（20条1項）。なかでも特筆すべきは、労働者協同組合の理事になる人とも労働契約を締結する義務があるということです（組合の業務を執行し、または理事の職務のみを行う者は除きます）。

労働者協同組合の理事は、株式会社でいえば取締役などの役員に当たる人です。通常、役員は労働者とはみなされず、そのためにたとえば最低賃金の適用を受けたり、労災の補償を受けたり、雇用保険に加入したりといった、法的な保護を受けることができません。しかし、出資・経営・労働が一体となっている労働者協同組合においては、理事も「労働者」という面をあわせ持ちます。そのため、理事も、労働者のように法的な保護を受けることができるのです。

これは、ほかのどの法人や組合にもない、大きな特徴といえるでしょう。理事も法的な保護を受けることができるようになっていることで、起業への心理的なハードルを下げているといえるかもしれません。

その他の特徴

そのほか、労働者協同組合に関するよくある疑問――「法人の設立にあたって許可や認可は求められるのか？」、「事業内容は自由に決められるのか？」にもお答えしておきましょう。たしかに、労働者協同組合をつくるための要件が厳しいのであれば敬遠したいですし、事業内容が限定されている法人・組合もあるところ、自分がやりたい事業が労働者協同組合ではできないなんてことになっては元も子もありませんからね。加えて、「税金関係はどうなっているのか？」という点も、気になる方は多いのではないでしょうか。こちらについてもお答えします。

結論をいえば、まず、労働者協同組合法人の設立には、行政庁による許認可等は必要ありません（ただし、行政官庁への届出は必要となります）。法律に定めた要件を満たし、登記をすれば法人格が付与されます（準則主義）。このため、設立は比較的容易であるといえます。ちなみに、要件には、具体的に、組合の基本原理に従って事業が行われるものであるほか、①組合員が任意に加入し、または脱退することができること、②組合員との間で労働契約を締結すること、③組合員の議決権および選挙権は、出資口数にかかわらず、平等であること、④組合との間で労働契約を締結する組合員が、総組合員の議決権の過半数を保有すること、⑤剰余金の配当は、組合員が組合の事業に従事した程度に応じて行うこと、などがあります（法 3 条 2 項）。

事業内容については、今のところ、労働者派遣事業を行うことはできないということ以外、特に規制されていません（法 7 条 2 項、法施行令 1 条）。組合の基本原理に従って行われる、活力ある地域社会の実現に資する事業であれば、原則として自由に行うことができます。ちなみに、労働者派遣事業を行うことができないのは、これが他人の指揮命令を受けて当該他人のために労働に従事させる事業であり、組合の基本原理に反するものであるためです。これに違反した場合には、罰則が科せられます（法 136 条）。

また、課税関係をみてみると、法人税については非営利活動であれば非課税です。ただし、法人税法に規定される収益事業を営んでいる場合には、本来の労働者協同組合の活動にかかる事業の部分と収益事業の部分を会計的に区分することにより、収益事業部分は法人税の申告をする必要があります。消費税については、課税取引を行った場合には申告・納税を行う必要がありますが、消費税課税売上高が1,000万円以下である場合はこれが免除されます。

3
先行事例にみる
労働者協同組合の活動の実際

でも、いくらリスクは小さいとはいえ、経験のない人どうしが集まっていきなり法人をつくるっていうのは、やっぱりハードルが高いよなぁ。具体的にどんなビジネスをやろうかっていうところもまだまだふわふわしてるし、実際のところビジネスとして成功の目があるか、よくわからないし。

であれば、まずは小さくスタートするというのも手ですよ。たとえば**将来的にワーカーズ・コープに発展させることを目標に、最初は無理なく資金が出し合える範囲で、法人格を持たない任意団体から始めるというのもアリ**ですね。

おっ、そんなことができるんだ。いいじゃない！　中松さんと山口さんはどう思う？

たしかに、最初は手堅く始めるってことができるなら、そのほうが安心だよね。

そうだね、将来の夢は大きく、でも最初はあまり手を広げずに、コツコツやってくのがいいのかも。

では、いちどその方向で検討を始めてみましょうか。僕もできる限るフォローさせてもらいますから！

いやぁ、大嶋先生、頼りになるなぁ、よろしくお願いします！ ところで、協同労働、僕は魅力的だと思うけど、実際のところどうなんだろうね？ そううまくいくもんなのかな？

かつては「労働者協同組合は成功しない」なんて言われたものですが、今では各国で注目されていますよ。特に早い段階で法制化されたイタリアでは、「協同組合をどんどんつくっていこう」という動きもあって、あらゆる分野に組合が設立されて積極的な活動が行われています。**日本でも脚光を浴び始めていますし、今の勢いでいけば、働き方改革ともあいまって、トレンドになりそうな気もします**ね。

よぉし、トレンドの波（笑）に乗れるように、まずは任意団体の成功目指して頑張ろう！

歴史からひもとく「協同労働」

協同労働の考え方は、諸外国ではすでに古くから実践されているものです。世界において“協同労働”という働き方が見いだされ始めたのは、19 世紀、資本主義の国でのことでした。

資本主義の大きな特徴の 1 つに、「競争」があります。需要と供給のバランスがとれた自由な市場での競争の結果、利益を上げた組織は生き残りますが、そうでなかった組織は淘汰されます。まさに“弱肉強食”の世界です。

もちろん、強者の世界にも闘いは存在します。労働条件をめぐる経営者と労働者の闘いです。労働者たちは団結し、労働条件の改善に向け、運動を展開するようになりました（ここで労働者側の意思を経営者に伝える働きを担うのが、労働組合です）。

市場での競争や経営者との闘いに負けた労働者たちは、やがて「経営にも労働者が携わるべきだ」という意見を持ち、団結し始めます。そうして 19 世紀にあらわれたのが、失業者たちによる協同組合です。労働者みずからが組織を立ち上げるのですから、当然、出資も労働者みずからが行わなくてはなりません。ここに、出資・経営・労働のすべてを組合員が行うという、労働者協同組合の骨格が生まれたのです。

「協同労働は成功しない」？

法制化により日本でも脚光を浴びようとしている協同労働という

働き方ですが、かつては「成功しない」とみられていたこともありました。

協同組合の最大の難点は、資金の確保にあります。資本主義においてはまず資本が組織のスタートにあり、さらに組織の成長と拡大を生むのも資本です。しかし、組合員みずからが出資する協同組合では、準備できる資金にはどうしても限界があります。

加えて、労働者協同組合には、組織の経営という面にも課題があります。出資・経営・労働が分かれているということは、それぞれの分野を担う人が専門家として存在する、ということです。組合員1人ひとりがそれぞれ、このすべてを担うというのは、想像以上に難しいことでした。

これらの点から、19世紀末、ベアトリス・ウェッブ（イギリスの社会学者・経済学者）は、労働者協同組合の成功の可能性を否定しました。そしてこれ以降、世界には「労働者協同組合は成功しない」との考えが浸透していったのです。

スペイン・モンドラゴンでの成功

しかし20世紀後半になると、協同労働は再び脚光を浴びることとなります。その先駆けとなったのは、ドン・ホセ・マリア・アリスメンディアリエタというカトリックの神父によってもたらされた、スペイン・モンドラゴンにおける協同組合群の成功です。

1941年に人口約8,000人の貧しい町・モンドラゴンの教会の副司祭に任命されたアリスメンディアリエタは、内戦終結直後ということもあって町全体が貧困や飢えに苦しめられていた状況を打開するため、直接住民に訴えかけてわずかな資金を集め、1943年、職業訓練学校を開設しました。彼はここで、労働者が主人公になる企業経営と、それを基盤とする社会改革の重要性を説き、のちに学校の卒業生がこれに応えてモンドラゴンの最初の労働者協同組合を設立しました。

アリスメンディアリエタの活動は、これにとどまりません。19世紀末にみられた協同組合の失敗を教訓として、彼は、協同組合の資金力の増強と経営指導を目的として労働人民金庫を設け、この銀行がその後のモンドラゴン協同組合群の牽引車となりました。加えて、労働人民金庫は協同組合どうしが互いに助け合うネットワークの構築にも寄与しており、これが、モンドラゴンの協同組合群が現在においても存続する大きな要因となっています。

モンドラゴンの協同組合群の目的は、雇用の創出だけでなく、地域社会の発展にもありました。そのためには、1つの分野、1つの協同組合が成功しただけでは意味がありません。さまざまな分野で多くの協同組合が成功を収め、それによって地域全体が豊かになっていく――これが協同組合群の目指すところです。協同組合どうしで課題とスキル・ノウハウを共有することで、新規参入する協同組合の育成も成功を収めました。

このようなモンドラゴン協同組合群の成功は、1980 年、国際協同組合同盟の大会で報告されたことで注目を集めることとなり、これにより協同労働は改めて脚光を浴びることとなったのです。

イタリアにみる協同組合成功のポイント

イタリアでは、福祉や教育弱者支援を担う社会的労働組合が 1991 年に法制化されて以来、非常に多くの組合がつくられています。少し前の数字になりますが、2007 年時点で、イタリアには 11 万 2,000 の協同組合があるとされています。その多くは比較的小規模な組合で、農業・生活・金融・製造・建築など、あらゆる分野に設立されています。

このような成功の理由を解き明かす鍵は 3 つあります。

1 つは、早い段階で協同組合が法制化されたこと。法制化により組織としての構造が明確になったことは、設立の追い風となりました。

そして、指導力の強い連合会が存在していること。イタリアには、地域ごとに、いくつかの協同組合連合会が存在します。連合会からは各組合に対しさまざまな指導と助言が行われ、これが各組合の存続の助けとなっています。

最後に、協同組合どうしの結びつきが強いこと。イタリアでは、協同組合どうしが「コンソーシアム」と呼ばれる共同体をつくっていることが一般的です。コンソーシアムには、事業の入札や技術共有を行うことはもちろん、協同組合どうしの競争をうながすという面もあります。これにより、各組合の力が高められています。

イタリアという国には、協同組合をつくり発展させていこうという気概が感じられます。今後は日本にも、このような動きが出てくることが期待されます。

STEP 1

働く目的と
仲間を見つけよう

1
働く目的を見つけよう

大きく挑戦するにしても手堅く始めるにしても、**まず大切なのは、これからどんなビジネスを展開するのか、しっかり検討すること**です。**いま社会になんらかの課題があって、それを解消してほしいというニーズが存在しているのであれば、そこをビジネスにできる可能性があります**よね。はじめにそのあたりを整理してみましょうか。

起業したいと思ってても、いざ踏み出すには結構勇気がいるもんだよね。失敗したらどうしようとか考えちゃうし。僕みたいにこれから起業しようって人たちとか、そういう人を支援したいなって人たちが、情報だったりノウハウだったり、シェアして助け合って、協力し合えるようなコミュニティが地元にあったら喜んでもらえるんじゃないかな。もちろん僕もありがたいしね！

僕は思い出もいっぱいある商店街が寂れる一方なのが悲しくてさぁ。みんな同じ気持ちだと思うよ。商店街の盛上げにも一役買えるといいな。

私は、このあたりで働いてるフリーランスの人たちが仕事に気軽に利用できる場所があったらいいと思うわ。特に私みたいなノマド民は、落ち着いて仕事ができる場所を探すのも一苦労なのよね。そういう人たちみんなにオープンなスペースがあって、おんなじ地域で働く人どうし、そこでつながっていけたらおもしろいことができると思うんだけど。

そうしたら、地域のビジネスの拠点になるような、コミュニティ・スペースをつくるっていうのはどうだろう⁉ そこでそれぞれ仕事をしてもいいし、集まった人たちが交流してまた新たなビジネスを生み出してもいい……そんな場所ができたら最高じゃない⁉ 商店街に人がたくさん集まる場ができれば、商店街にも活気が出てくると思うし！

「働く目的」は組織の“北極星”

起業にあたっては、まず「働く目的」――事業目的を決めることが肝要です。事業目的は、特にチームで仕事をしていこうとする場合にはとても大切なものです。これがバラバラだと、全員が納得のいく意思決定ができなくなってしまい、将来的にチームが崩壊してしまったり、商品やサービスがちぐはぐで魅力のないものとなってビジネスが立ちゆかなくなってしまったりするからです。

もちろん事業に関わる意図はメンバーそれぞれ違ってよいですし、それが当然なことでもあるのですが、その違いを越え全員が一丸となって「目指すのはここだ！」「このために頑張るんだ！」と思える、組織の“北極星”を決めておくことが大切です。そして、迷ったときは常にそこに立ち返るということを徹底すれば、組織としての判断や意思決定にブレが生じることはありません。

ちなみに、坂井さんたちは、「地域のビジネスの拠点となるコミュニティ・スペースをつくる」ことを事業目的にするようです。坂井さんたちが今後何か意思決定をするときは、「地域の人のビジネスに貢献できるか？」「地域の人が交流できるようなコミュニティづくりにつながるか？」などが判断の軸となっていくでしょう。

「地域社会のための事業」という視点

坂井さんたちは将来的には労働者協同組合を設立して事業を法人化することを目標にしていますので、そこも見据えて、法的な側面からもう少し掘り下げてみておきましょう。

労働者協同組合の法制度化の目的について、法は、①多様な就労機会の創出を促進し、②地域の多様な需要に応える事業を促進することによって、③持続可能かつ活力ある地域社会の実現に資するため、としています（1条）。労働者協同組合は、労働者がみずから事業を立ち上げ、みずからその事業に従事し報酬を得るというしくみを基本としているところから、個々の労働者がみずから夢や目的を実現するために、自分の能力や経験・資格を活かして自分の生活環境に適合した多様な働き方を行うことを目指すものといえます。そこで展開される事業は、個々の労働者が、自分が暮らす地域や環境のなかで発見した固有の問題を解消するもの、あるいは発掘したニーズに応えるものであることが期待されています。そして、労働者協同組合の究極の目的は、地域の需要や事情に応じた多様なビジネスが創出されることにより「持続可能な活力ある地域社会の実現に資すること」、つまり、その地域の人々が安心して住み続けられる社会を維持していくことであると位置づけられているのです。

このような制度目的に照らせば、持続可能で活力ある地域社会の実現に資する目的を達成するための事業（法7条1項）であれば、基本的には、自由に事業を選択して行うことが可能です。この観点に立脚して、事業目的ならびにこれから展開していく事業の検討を行うことになります。坂井さんたちがこれから展開しようとしている事業は、この観点に沿ったものであるといえますね。

労働者協同組合にかかる事業への制約

なお、労働者協同組合の事業については、次のような制約が設けられています。

□営利を目的として事業を行ってはならない（法３条３項）
□事業によってその組合員に直接の奉仕をすることを目的とし、特定の組合員の利益のみを目的として事業を行ってはならない（法３条４項）
□特定の政党のために利用してはならない（法３条５項）
□労働者派遣事業を事業の目的にしてはならない（法７条２項、法施行令１条）

これらに該当するものでないか、注意が必要です。

また、当然のことながら、暴力団や、暴力団の統制下にある団体は、労働者協同組合にはなれません（法３条６項）。

2
働く目的を共有できる仲間を見つけよう

じゃあ、事業を展開する上での僕たち全員の共通目的は、「地域のビジネスの拠点となるコミュニティ・スペースをつくる」にしよう！

賛成！

労働者協同組合には、「持続可能な活力ある地域社会の実現に資すること」、つまり、地域の人たちが安心して住み続けられる社会を維持していくための事業を行っていくことが期待されているんです。その観点からも、とてもいい事業目的ですね！

地域の人たちが集まって、みんなでワイワイやれたらいいよね！ ところで、例の物件さ、せっかくカフェの居抜きなんだから、僕らもカフェっぽいことしてみない？ 利用者に、スペースだけじゃなくってドリンクとかフードとかも提供できたらいいんじゃないかな⁉

コミュニティ・カフェにするわけね、それ素敵！ このあたりの主婦の人たちなんかにも、商店街に買い物に来たついでにちょっとお茶しようとか、気軽に立ち寄ってもらえるようになるんじゃない？

でもなぁ……僕らは飲食関係はまったくの素人なわけで……食べ物を出すとなると規制とかもあるだろうし、提供する料理は誰がつくるんだとか、いろいろ問題が出てくるじゃない。一応聞くけど、中松さんと山口さんは、そもそも料理でき——ないよね、ウン、僕もだよ。

カフェという形にするからには、料理は事業のなかで重要なポイントになりますよね。提供するドリンクやフード、言ってみれば**自分たちでは用意できないものは外から仕入れることにするというのももちろんできますが、円滑にビジネスを進めるためには、できればチームのなかにきちんとしたスキルを持っている人がいるのが理想**です。食品を提供するとなると、食品衛生責任者なんかも必要になりますしね。

しかたない、カフェにするのはいったんあきらめよう。

ねぇ、料理ができる人に、一緒にやらないか声をかけてみるのはどうかしら？ たとえば……そうだ、寺山さんとかどう？ ホラ、何回か一緒に飲んでるじゃない。

料理教室の先生をやってる人だよね？　たしか。

そうそう！　彼女ね、前に、自分がつくった料理をたくさんの人に食べてもらえたら嬉しいな、お店でもやろうかな、な～んて言ってたの。

おぉ、ぴったりじゃない！　山口さん、さっそく寺山さんに連絡してみてよ！

「仲間」をつくる意義

事業を拡大していこうと思ったら、事業に関わる人員を増やすことは避けられません。どんなに優秀な人でも、ひとりでできることには限界があるからです。

もちろん、事業が軌道に乗ってから人を雇うということもできますが、もし仲間を集めることが可能なのであれば、スタート時からチームをつくって事業を展開しましょう。特にこれまで１つの会社・業界でずっと過ごしてきた人は、「自分の常識は社会の非常識」なんてこともよくあるところ、ほかの人の意見を聴くことで新しい視点を得られれば、よりよいビジネスが展開できるようになるかもしれません。得意分野が異なる人たちが集まれば、それぞれの得意なことを融合して、新しいサービスを提供できるようになることも期待できます。また、事業がどうもうまくいかないというとき、励まし合える仲間がいることは、とても心強く、とてもありがたいものです。

「うまくいく仲間」の集め方

とはいえ、やみくもに人数ばかりを集めてもうまくいきません。意識したいのは、「そのメンバーで、よいチームができるか」どうかです。

その人は、事業に必要な何かしらのスキルを持っていますか？ 責任を持って１つの分野を担当することはできるでしょうか？ 事業のスタートに際しては、みんなが各自、責任を持って担当する仕事を決められるのが理想的です。決まった役割がない人がいると、「あの人は仕事をやらない」と周りが不満を持ったり、逆にその人が「自分は下働きばっかりやらされる」と感じたりで、全体のモチベーションが低下してしまうおそれがあります。

そしてなにより、その人との、ビジネスを進める上での相性はどうですか？ 性格的な相性は、ビジネスを展開する上でとても重要です。全員が自分が前に出ようとするタイプだともめごとが起こりやすいですが、逆にみんなが控えめで誰も積極的に動こうとしないとなると、ビジネスは動いていきません。

坂井さんたちの場合、管理職の経験のある坂井さんが自然とリーダー役となって、前向きにチームを引っ張り、またみんなの意見をまとめる役割を担っています。中松さんも山口さんも、気心の知れた者どうし、最終決定する場面では坂井さんに譲りながら、ビジネスをよりよいものにしようと積極的に意見を出しています。このように、バランスのよいチームをつくることを目指して仲間を集めましょう。

仲間が持たないスキルが必要なときの対処法

仲間を集める際に注意したいのは、事業のコアとなる部分のスキルは、必ずチーム内でまかなえるようにすべきだということです。もちろん、できる人がいない部分については外注してしまうということも可能ですが、事業の重要な部分について自分たちだけでは決めることができないとなると、ビジネスはなかなか進まなくなってしまいますし、外注先との間でトラブルが生じることも懸念され、余計な負担が増えることになります。コアとなる部分だけに、外注経費がかさむことも考えられます。これを避けるためには、そのスキルがなくてもいいようにいったん事業内容を見直すか、あるいは必要なスキルを持った人を新たにチームに招き入れて理想の事業を追求するか、検討する必要があります。

坂井さんたちは、コミュニティ・スペースを発展させて、お茶や軽食も出せるコミュニティ・カフェができれば理想的だと考えましたが、チームには飲食関係に詳しい人、料理ができる人がいませんでした。そこで坂井さんたちは、料理担当のメンバーとして、料理教室の先生・寺山さんに声をかけてみることにしました。寺山さんがチームへの参画をOKしてくれれば、理想のコミュニティ・カフェが実現できることになります。

memo.

STEP 2

働く目的を事業計画に起こそう

1
サービス・商品の名前・名称を決めよう

よかった、寺山さんにも参加してもらえることになったんですね！

うん、おかげで理想どおりのコミュニティ・カフェ・ビジネスが展開できそうなんだ。

私のほうこそ、自分がつくった料理をたくさんの人に食べてもらえる機会が持てるなんて、ホントに嬉しくて……。お店でどんなメニューを提供しようか、さっそく考え始めてるんですよ。

お店の名前はもう決まったんですか？

まさにこれから決めるところさ！ みんな、何かアイデアはある？

「コミュニティ・カフェ」っていう言い方は、私の世代の人だと、何のお店なのかわからなくて入るのに躊躇してしまいそうな気がします。「カフェ」は残したいですけどね、そうついてると女性も気軽に入りやすいですから。

商店街を盛り上げるためにも、一丁目商店街にあるっていうのが名前でスグにわかるといいんじゃないかな。

そうすると……「一丁目商店街カフェ」とか？

ちょっと長くない？ もう少しシンプルに……そうね、「一丁目カフェ」ならどうかしら？

なるほど、親しみやすいし覚えやすい！ いいね！

僕もいい名前だと思います！——そうそう、**候補の名前が決まったら、特許庁の検索サービスで商標検索をしてみてください**ね。似たような名前のお店やブランドがほかにあったりすると混同されちゃいますし、怖い話、訴訟だとかの問題が生じることもありますから！

そりゃ大変だ！ すぐ調べなきゃ！

ちょっと待ってね、えーっと、特許庁のサイトから……一丁目カ…フェ……と——うん、大丈夫！ 問題なさそう！

よし、じゃあ、お店の名前は『一丁目カフェ』に決定だ！

名前・名称のつけ方

ビジネスを行う上で、提供するサービス・商品の名前・名称はとても大切な要素です。「名は体を表す」という言葉もあるとおり、顧客は、名前・名称の印象から、そのサービス・商品がどんなものなのか、どのような人を対象にしているものなのかを想像します。親しみやすいお店にしたいのに、漢字ばかりが並んだ堅い名称にしてしまうとか、男性に購入してもらいたいと思っているグッズに、かわいらしい名前をつけてしまうとかしたら、利用してほしいとねらった顧客は利用してくれないでしょう。

名前・名称をつけるときは、「誰にどんなサービス・商品を提供したいのか」を具体的にイメージして検討することが必要です。このイメージが不充分なまま名前・名称をつけてしまうと、のちにサービス・商品とマッチしなくなってしまい、顧客に訴求しないものとなってしまいます。

ターゲットとする層が覚えやすいことも大切です。覚えづらい名前・名称だと、いちどは興味を持ってもらえたとしても、その後いざサービス・商品を利用しようと思ったときに、名前・名称が思い出せないためにサービス・商品の情報にアクセスできず、利用できないなどといったことも起こり得ます。そのときに情報に行き当たるまで探し続けてくれる人ばかりではありませんから、せっかくの顧客を逃してしまうことにもなりかねません。かといって、ありふれた名前・名称ではほかの似たような名前・名称のサービス・商品に埋もれてしまい、やはりたどりついてもらえないというのも難しいところです。覚えやすく、一方でユニークさも持ち合わせた名前・名称を検討しましょう。

商標の確認も大切

名前・名称の候補が固まったら、念のために商標も確認しておきましょう。似たような名前・名称が使われたサービス・商品がほかにあると、顧客が興味を持ったのはこちらのサービス・商品だとしても、あちらに流れてしまうことも起こり得ます。また、商標登録をする必要は必ずしもありませんが、他者がすでに商標を取得している名前・名称だと、使用により訴えられてしまうこともあります。特許庁の検索サービス「特許情報プラットフォーム」（https://www.j-platpat.inpit.go.jp）で、同様の名前・名称がないか確認しておくことをおすすめします。

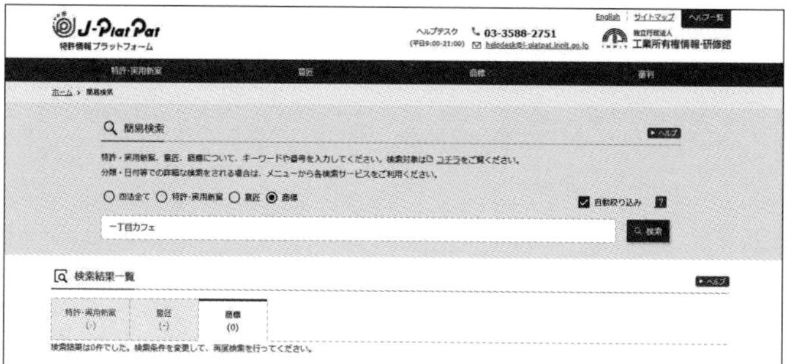

坂井さんたちは、一丁目商店街を盛り上げたいという想いや、女性にも気軽に利用してもらいたいという願い、また名前・名称の親しみやすさ・覚えやすさを意識して、お店を〘一丁目カフェ〙と名づけることにしました。同様の名前・名称は商標登録されていませんでしたし、一丁目商店街の近隣地域の人であれば商店街の名前とのひもづけですぐに覚えてくれるでしょうから、興味を持った人はすぐ、お店の情報にアクセスすることができるはずです。

2
ビジネスの拠点となる場所を決めよう

じゃーん！　ココがその物件でーす！

おぉ、結構広々としてるじゃない。

居抜き物件だから設備がそのまま使えるのもありがたいね！　これだけの椅子とテーブルを買おうと思ったら結構かかっちゃうだろうに、初期費用もだいぶ抑えられるんじゃない⁉

駅から近いし、アクセスも便利だね。こんな好条件の物件がずっとテナント募集中だなんて……中松さん、まさかとは思うけどココ、事故物件なんてことは……。

ないないないない！　築年数が古いから、それがネックになって成約に至らないだけだよ！

よかった（笑）。ところでホントにしばらくは家賃負担しなくてもいいの？

だから大丈夫だってば。商店街のためになるならって、ウチの親も言ってるんだから。キッチンのほうはどぉ？

うーん、これだと、大がかりな調理が必要になるようなフードを提供するのはちょっと難しいですね。

じゃあ、キッチン、改修しちゃう⁉

いいね！ しちゃおうしちゃおう！

えっいいんですか⁉ 嬉しい〜♪

ちょっと待った！ 大きく挑戦するのはリスクがぁ……なんて言ってたくせに、いきなり設備投資するって？ ダメダメ、それこそリスクがヤバすぎるよ！

山口さんの言うとおりです。**実際の様子や収益などを検証しながら拡げていくような工夫をすることも大切**ですよ！

ビジネスの拠点選びのポイント

「どこで事業を展開するか」――ビジネスの拠点となる場所を決めることは、ビジネスの成功のためにとても重要なポイントです。たとえば、幅広く顧客を呼び込みたいと思っているのに、裏通りに拠点を構えたらどうなるでしょう？ そもそも存在に気がついてもらえず、集客がままなりませんよね。あるいは、スペースはさほど必要ない事業を展開しようとしているのに、不相応に広い物件を借りてしまったら？ 高い家賃のために採算がとれなくなってしまい、早々に事業を撤退する憂き目にあうことになってしまうかもしれません。

意識しなければならないのは、事業に適した立地であるか、そして、想定される利益に応じた家賃であるか、初期費用はどの程度かかるのか、です。

立　地

立地を検討する際は、駅からの近さといったアクセス面だけでなく、営業時間中の人通りや、周辺のお店の雰囲気などもチェックしましょう。顧客を呼び込もうとする場合、あまり人が通らないところや、周辺がビジネスにそぐわない雰囲気のところでは、集客に難が生じるかもしれません。

家　賃

家賃は、最初はできるだけ抑えたいものです。家賃は主に駅からの距離、階数、部屋の広さ、築年数で決まりますが、事業内容を勘案して優先順位をつけ、最初は優先度が低いものについてはある程度妥協することも必要です。ビジネスが順調に育てば、移転することだって可能ですから。

初期費用

　見落としがちなのは初期費用です。初期費用も、できるだけ抑えたいものです。初期費用は、物件がどのような状態で引き渡されるのかによっても大きく変わってきます。家具や設備を引き継いで使うことができる居抜き物件は、家具・設備を新たに購入するための投資が不要となりますから、ねらいめだといえます。

検討の視点

坂井さんたちの場合、中松家が所有する空き物件を活用するということで、イチから拠点となる物件を探したわけではありませんが、物件見学の様子に、拠点探しのポイントを多数見いだすことができます。

まず、商店街の活性化も念頭に、ビジネス利用はもちろん地域の人たちの交流の場としても活用してもらうなど、地域の幅広い層に利用してもらうお店（カフェ）にするということを考えると、商店街の近隣にあること、かつ、人目につきやすく便利な立地であることは、外せない条件です。この点、商店街の中にあり、駅から近くアクセスも便利とのことなので、条件を満たした物件だといえるでしょう。一方で、築年数で敬遠されてきた物件のようですが、坂井さんたちは、そこは妥協しました。

この物件のよいところは、カフェの居抜き物件で、たとえばテーブルや椅子など、初期投資がほとんどいらないところです。カフェのオープンに必要な設備がある程度そろっていることで、費用を抑えるだけでなく、ビジネス自体もすぐにスタートすることができそうです。

「やりたい」との意見が出たキッチンの改修について、この段階では思いとどまったのも、賢明な判断といえます。あんな設備が欲しい、こんな設備があったら便利だな……いろいろ夢はふくらむところですが、まずは初期費用を抑えることがとても大切！ 設備の充実は、事業が軌道に乗ってきてから検討してもよいことです。

3
事業計画をつくろう

お店の名前と場所も決まったところで、実際の事業計画を立てていきましょう！

事業計画？

収益をどんなふうに確保するかとか、支出面では何にどのくらいかかるのかとか、見通しを長期的な観点から具体的にまとめていくんです。**そのなかで課題も明らかになりますし、事前にある程度の対応策も検討できますから、成功の可能性も高められる**んですよ。

なるほどね。運営のしかただけどさ、もちろん料理担当の寺山さんにはずっといてもらわなきゃいけないけど、それ以外の受付とかレジとか利用後の片付けとか……店番的な仕事は、最初のうちはメンバーのなかで時間がある人が交代でやるってことでいいんじゃない？ 僕もたまになら手伝えるよ。

はじめから人を雇うのは難しいもんね。私はお店で自分の仕事をさせてもらうことが多くなると思うから、人の出入りに気をつけてるようにすればある程度はフォローできそう！　ノマドワーク仲間も、頼めばボランティアで手伝ってくれるんじゃないかな？

ストップ！　そういうやり方は、あまりオススメできません。**ボランティアや有志に頼るやり方は、時間にゆとりのある人しかやらないために不公平感が募ったり、誰か特定の人任せになってしまったりで、継続性に期待できない**んです。**持続継続できることを考えてしくみをつくることが大切**ですよ！

なるほど、確かにそうだよね。アルバイトを雇う人件費も、ちゃんと運営の費用として考えよう。ほかには、家賃はしばらくのあいだ中松さんちのご厚意に甘えさせてもらうとして……。

食材の仕入れの費用に水道光熱費、通信費、必要な場合にはいろいろな物品のリース代なんかもかかってきますよね。徹底的にコストを洗い出してみましょう！

収益のほうの検討も必要だよね。売上の見込みについてだけど、利用料の設定はどんな感じにしようか？

スペースの利用料が時間いくら、っていうより、フード・ドリンクを注文してくれたらスペースが使えるよ、ぐらいのほうが、幅広い人に利用してもらいやすいんじゃないかと思うんだけど、どうだろう？ ほら、前に、買い物帰りの主婦に立ち寄ってもらうことも考えたい、なんて話があったじゃない。

じゃあ、いったんその方向で、試しに——そうね、フード1品1,000円、ドリンク1杯600円に設定してシミュレーションしてみようか？ テーブルそれぞれ、そうだなぁ、午前1回転、午後2回転ぐらいできるかな？ 最初はそんなに利用者いないかな？

事業計画の重要性

事業計画とは、事業コンセプト、事業環境の分析、マーケティング方法、事業収支計画など、新規事業を推進していくために必要な事項を明瞭かつ簡潔に文書化するものです。どういったターゲットに着目して日々の活動を行っていくか、それによりどのくらいの儲けが想定されるのか、まとめることになります。事業計画は起業のための指針ともなるものであり、また、作成のプロセスを通じてさまざまな課題と対応策を明確にできることで、ビジネスが成功する可能性を高めるためにも役立ちます。

事業計画は、決まったフォーマットがあるものではありません。自由に作成することが可能です。ごく簡単なものでかまいませんので、起業に際してはまず事業計画を立て、今後のビジネスの展開について検討することをおすすめします。

事業の「収益性」の検討

事業計画に盛り込む内容としては、事業のテーマや背景、市場規模、優位性、実現性、将来性、収益性などが挙げられますが、特に重要なのは「収益性」です。今後展開しようとするビジネスが本当に成功するのか、どのくらい利益を出せるのか、第三者が見てもわかりやすいように作成するのがポイントです。いろいろ目論見はあるでしょうが、最初はできるだけかために、厳しめの見通しで検討しましょう。

まず、売上を予測してみます。売上は、「客単価×数量」で算出できます。たとえば高いコーヒーはあまり注文してもらえなくても、価格を下げることで数が出せるようになるかもしれません。どちらの観点からも考えてみます。店舗の場合は、時間帯別の売上や、土日・平日別の売上など、細かく分けてシミュレーションすると、より具体的な計画となります。

次に、コストを検討します。コストは、大きく、①原材料費・消耗品費といった変動費、②家賃水道光熱費・通信費といった固定費、③パートやアルバイトを雇う人件費、に分けられます。たとえば飲食業ではF/L比率というものがあり、原材料費（Food）と人件費（Labor）の合計が売上全体の60%以内におさまるとよいといわれていますが、このように、業種によってある程度基準となるコストの目安がありますから、調べてみるとよいでしょう。

そして、売上とコストの計画を3年分くらい、表計算ソフトで作成し、数字をいろいろといじってシミュレーションしてみます。成功するための目安が可視化されることで、何をしなければならないのかが明確になります。

人件費の考え方

坂井さんたちは、人件費について、大嶋先生からアドバイスを受けました。人件費はコストとして大きなものとなってくるので、「最初は人を雇う余裕はないから、自分たちが多少無理をして……」とか、「友達にお願いしてちょっと手伝ってもらおう……」などと考えてしまいがちですが、これだとコストは抑えられる反面、多忙によるスタッフのモチベーションの低下、有償・無償のスタッフが混在することによる不平等感などから、軋轢が生じることも多いものです。事業の継続性を考えると、ボランティアには頼らない計画を立てるべきです。ボランティアに頼らなければ収益が出ないようであれば、ビジネスそのものを見直すべきであるといえます。

STEP 3

事業をスタートしよう

1
規約をつくろう

いよいよ〖一丁目カフェ〗のオープンが見えてきたね！ 楽しみだなぁ。

でも、まだルールがあいまいなところもあるよね。スタート前に、きちんと決めておいたほうがいいんじゃないかな。あとになって“こんなハズじゃなかったぁ～”なんて不満が出てくるのもよくないし。

そのとおりですね！ 皆さんのような集まりを「任意団体」と呼びますが、**協力し合って事業を運営していくためには、実は任意団体であっても規約や会則をつくること、そしてそこで定められたルールをみんなで守っていくことがとても大切**なんです。僕の知り合いの弁護士さん――あ、皆さんも知ってますよね、村木さんに、規約や会則に関するアドバイスをもらえるようお願いしてみましょうか？

それはありがたいな！ ぜひお願いします！

では規約・会則をつくるにあたって、遅ればせながら、団体名を決めましょう。

かっこいい名前にしたいな～！

一丁目商店街にあるコミュニティ・カフェを運営する団体だってことが名前からわかるといいよね……あ、そうだ、このエリアの名前を入れて、「まちなかコミュニティわかば」なぁんてどうかしら？

おっいいじゃない！ みんなどうかな？ 異論がなければそれにしよう！

組織運営のルール：「定款」と「規約・会則」

法人格のある組合を設立しようとする場合、「定款」を作成し、これを創立総会で承認することが必要です。定款とは、法人を運営していく上で必要不可欠な基本ルールを定めたもので、「法人の憲法」と呼ばれることもあります。法人を運営していくための重要な指針となるものであり、必ず作成しなければなりません。

裏返していえば、組合に法人格を持たせない場合には、法律上、定款を定めることまでは要求されていません。しかし、たとえ法人格のある組合を設立するまでのあいだであっても、人が集まって、共通の目的のために協力して事業を運営していく上では、ルールがなければメンバーが好き勝手に活動したりして、トラブルが絶えないことは容易に想像できますよね。また、当初は好きなように活動できていたところ、ルールがあとから加えられると、「こんなことを求められるなら加入しなかったのに」など、メンバーの反発を招くことも考えられます。

任意団体であっても、発足時の想いどおりに運営がなされるよう、また、メンバーが仲良く活動を継続していけるよう、設立時にしっかりしたルールを決め、これを全員で守っていくことが求められます。このルールを「規約」「会則」といいます。

任意団体として取り決めておきたい事項

ここでは、将来的に労働者協同組合に発展させることを目指す任意団体として取り決めておきたい事項についてご説明します。

事業の目的・内容

メンバー全員が共有できるものであることが大切です。将来、労働者協同組合に発展させることを見越して、労働者協同組合の事業目的（「持続可能で活力ある地域社会の実現に資すること」）を踏まえたものとします。〔☞規約例第 2 条〕

会員資格

労働者協同組合となった場合の組合員の資格に準じて決めるとよいでしょう。職業や住所地など、自由に定めることができます。〔☞規約例第 4 条〕

役　員

労働者協同組合においては、理事（3 名以上）、代表理事および監事（1 名以上）をおくことが必須となります（☞100 ページ）。これに準じて定めるとよいでしょう。〔☞規約例第 11 条、第 15 条〕

意思決定方法

団体の基本的な事項（規約の策定・変更や役員の選任、決算承認等）については組合員全員に参加資格のある総会で、日常の業務については役員により構成される理事会等の役員会で、それぞれ決定することとします。必要に応じ、顧問等をおくことも考えられます。〔☞規約例第 8 条〕

会計・経理

決算の承認プロセス、利益分配、支出承認など、資金に関する重要事項についても取り決めておく必要があります。

◆任意団体規約例

まちなかコミュニティわかば
規　約

（名称）

第１条　当団体は、「まちなかコミュニティわかば」と称する。

（目的及び事業）

第２条　当団体は、次の事業を営むことを目的とする。

①　コミュニティ・カフェの運営

②　地域ビジネスコミュニティの運営

③　前各号に附帯又は関連する一切の事業

（事務所の所在地）

第３条　当団体は、事務所を＊＊県＊＊市に置く。

（会員資格、加入及び脱退）

第４条　当団体の会員資格は、個人とする。

2　当団体への加入申込者は、理事会が加入を承認し出資金の払込みを完了した時に構成員となる。

3　構成員は、あらかじめ理事会の定める手続きに従って代表理事に申し出ることにより、当団体を脱退することができる。

4　前項に定める場合のほか、構成員は死亡又は理事会の決議で除名された場合に当団体を脱退する。

（出資）

第５条　出資に関する詳細は、理事会の定める規則に従う。

（議決権）

第６条　構成員は、総会における議決権を各１個保有する。

（総会）

第７条　当団体の総会は構成員をもって構成する。

2　通常総会は、毎年１回３月に招集し、臨時総会は、随時必要に応じて招集する。

（総会決議事項）

第８条　次に掲げる事項は、総会の議決を経なければならない。

①　規約の変更

②　解散及び事業の変更

③　毎事業年度の決算報告及び事業報告の承認

④　毎事業年度の収支予算及び事業計画の設定又は変更

⑤　役員の選任及び解任

⑥　その他事業運営上の重要な事項

（招集及び決議）

第９条　総会は、理事会の決議に基づいて代表理事が招集する。

２　総会は、議決権を有する過半数の構成員が出席し、その過半数の賛成をもって決議する。

（議事録）

第10条　総会の議事については、議事録を作成する。

（理事）

第11条　理事の員数は、３名以上とする。

（代表理事）

第12条　理事のうち１名を代表理事とし、理事の互選により選定する。

２　代表理事は、当団体を代表する。

（理事会の招集権者及び議長）

第13条　理事会は、代表理事が招集し、議長となる。

（理事会の決議方法）

第14条　理事会の決議は、議決に加わることができる理事の過半数が出席し、その出席理事の過半数をもって行う。

（監事）

第15条　監事の員数は、１名以上とする。

（選任及び解任）

第16条　理事及び監事の選任及び解任は、総会の決議に基づいて行う。

（任期）

第17条　理事の任期は、選任後2年以内に終了する事業年度のうち最終のものに関する通常総会の終結の時までとする。

2　監事の任期は、選任後4年以内に終了する事業年度のうち最終のものに関する通常総会の終結の時までとする。

（事業年度）

第18条　当団体の事業年度は、毎年4月1日から翌年3月31日までとする。

（残余財産の分配）

第19条　当団体が解散するときにおける残余財産の分配の方法は、総会の決議に基づいて決する。

（規約に定めのない事項）

第20条　この規約に定めのない事項は、総会の決議により定めるところによる。

（規約の変更）

第21条　この規約は、総会において出席者の3分の2以上の賛成がなければ変更できない。

附則

1　この規約は、当団体の成立の日から施行する。

2　当団体の役員は、次に掲げる者とする。

代表理事：　坂井　享一
理　　事：　中松　優二
理　　事：　山口　桃香
理　　事：　寺山　茜
監　　事：　村木　太郎

2
「PDCAサイクル」で課題の解決に取り組もう

オープンはしたものの……トホホ、今日もお客さんはこれだけかぁ。チラシをまいたりポスター貼ったり、やることはやってるつもりだけど、お客さんってなかなか思うようには集まらないもんだねぇ。

注文はドリンクだけって人がここまで多いっていうのも計算外ですね。ここのところは食材の仕入れも少なめにしてますけど、それでも廃棄が出ちゃうこともありますし……。

大声でおしゃべりしてる人とか、Wi-Fiを使って対戦ゲームをしてる人たちがうるさくてこれじゃとても仕事なんてできないよって、仕事に集中したい人に敬遠されちゃってるみたい。これじゃあ、私たちが本来提供したいと考えてたサービスが提供できてるとはいえないよね。目に余るようなときには注意したりもしてるけど、利用目的をビジネスに限定してるわけじゃないから、あんまり強くも言えないしなあ、って悩んじゃう。

いざ始まると、いろんな課題が出てくるもんだね。集客に顧客単価、それに使用のルール……もろもろ対応していかないとなぁ。それに、うちのコンセプトは〖ビジネスの拠点になるコミュニティ・カフェ〗なんだから、ビジネス交流の機会とかも今後はつくっていかないといけないよね。

スタート後に実際に出てきた課題やアイデアを１つひとつ検証しながら改善していくことも、とても大切なことですよ！“万事計画どおり”なんてことはめったにありませんから！

商店街で初回割引チケットを配ってもらったらどうかな？

ノマド民どうし、横のつながりは結構あるから、SNSで「仕事に使える便利なスペースを見つけたよ～」なんて情報発信をしてもらうのも効果があるかも。クチコミって意外とバカにできないのよね。

冷凍できるメニューも考えてみます、そうすれば日々の廃棄は減らせると思いますから。ランチセットみたいなのをつくるのもいいかもしれませんね。

スペース利用時のルールもしっかり決めて、改めてアナウンスすることにしようか。

PDCAサイクルの考え方

事業計画もバッチリ立てたし大成功間違いなし！――そう意気込んでいたはずなのに……。いざ始まると、あれやこれや問題が出てきて、そんなにうまくはいかないものです。そうしたときに、事業計画に固執して、漫然と状況をみていてはいけません。大切なのは、随時計画を見直して、問題点や課題の対応策を検討していくことです。

そのときに大事なのが、「PDCAサイクル」の考え方です。これは、Plan（計画）、Do（実行）、Check（評価）、Action（改善）の頭文字を取ったもので、各プロセスを測定・分析し、継続的にまわすことで連続的なフィードバックが行えるモデルです。

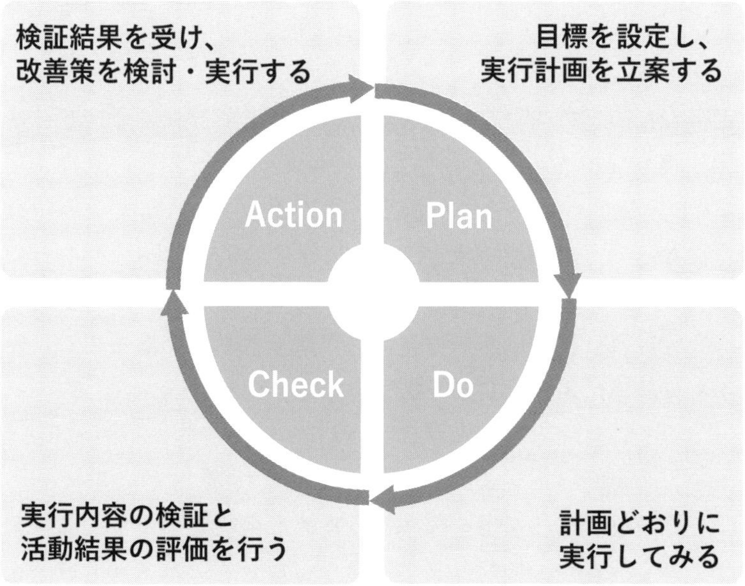

各プロセスにおいて、具体的に何が行われるのか、みていきましょう。

Plan（計画）

目標を設定し、それを実現するために何をすべきか、仮説をもとに実行計画を立案します。その際、「誰が」「何を」「なぜ」「どれほど」「いつまでに」「どのように」行うのか、を意識することが大切です。まずは現実的な目標を設定し、論理的な実行計画を立てることから始めましょう。

Do（実行）

計画したとおりに実行してみるプロセスです。その過程と結果をあとで評価できるよう、活動内容はきちんと記録しておきましょう。いくつか指標を決め、数値化しておくと、のちに客観的に評価することができます。

Check（評価）

実行した内容の検証を行い、当初の計画どおりに活動できたか、目標は達成できたかなど、活動の結果を評価します。単に「できた」「できなかった」で終わらせるのではなく、うまくいった点も残念ながらそうでなかった点も、「なぜそのような結果になったのか」、要因を探ることが大切です。ここで検証と要因分析がしっかり行えなければ、対応策・改善策も不適当なものとなってしまいますから、非常に重要なプロセスであるといえます。

Action（改善）

検証結果を受け、目標を達成するために今後どのような改善策を講じていくべきか、検討します。悪かったと思われる部分を修正するのはもちろんですが、うまくいった部分をさらに伸ばして成果を上げるための方策も考えたいものです。この改善策を踏まえて目標を設定し直し、再度 PDCA サイクルをまわしていくことになります。

PDCA サイクルのまわし方

立てた事業計画を（Plan）、実行したら（Do）、いちど立ち止まって、うまくいかなかった点や課題があると感じた点を洗い出してみましょう（Check）。そのうえで、では何をどのように変えたらよいか、どんなサービスを追加することが考えられるか、コストダウンできるところはないかなど、改善策を検討します（Action）。そして、検討した改善策を実行し、その評価を改めて行って、逐次改善を進めていくことになります。

〖一丁目カフェ〗では、①宣伝の効果があまり上がっておらず、利用者が少ないこと、②単価の高いフードを注文してもらえないために売上が思うように上がらず、また注文を見越して仕入れた食材の廃棄も生じてしまっていること、③想定外の利用者により、本来提供したいと考えていたサービスがうまく提供できていないこと、が事業開始後の問題点として指摘されています。これらの課題について、❶割引チケットの配布や SNS 等での情報発信により〖一丁目カフェ〗のことを広く知ってもらい、新規の利用者を増やす、❷冷凍できるメニューの開発、セット販売の開始など、食材量・提供数のコントロールをねらって新しいサービスをつくる、❸利用者が落ち着いて仕事に集中できる環境をつくるために利用時のルールを整備する、といった改善策が提案されました。この改善策を実行してみて、その結果問題が解決したのかを評価し、解決されなかったのであればさらに改善策を検討・実行する……ということになります。

もちろん、ビジネスを展開していくなかでは、多くの問題が続々と生じてくるものです。そのつど、改善策を検討し、実行してその成果を評価する、というサイクルを繰り返していくことになります。

memo.

STEP 4

労働者協同組合を設立しよう

1
発起人を決めよう

最近、やっとお客さんがコンスタントに来てくれるようになったね！ 割引チケットを持ってきてくれる人も結構いたし、自分のアイデアが当たったかと思うとやっぱり嬉しいな〜。

カフェスペースや Wi-Fi の利用ルールをつくって、入店時に 1 人ひとりに説明するようにしたのも効果があったみたい。昨日、落ち着いて仕事ができたって声をかけてくれた人がいたの。いいところを見つけた、またぜひ使いたいって言ってもらえたわ。

フードとドリンク、セットで注文してくれる人もすごく増えました！ 冷凍できるメニューの追加で、廃棄もかなり減りましたし、提供までの時間も短縮できるようになってよかったです。

みんなでアイデアを出し合って取り組んだ成果ね！

うんうん。ねぇみんな、ビジネスがだいぶ軌道に乗ってきた実感もあるし、これなら法人化してもイケるんじゃないかな。ワーカーズ・コープの設立、いよいよ検討してみない!?

賛成！

ワーカーズ・コープ化の暁には、ちゃんと家賃も払うようにするからね！

それはありがとう。うまくいってること、ウチの親も喜んでくれると思うな。

よぉし、そうとなったら、キリもいいし来年４月１日に設立するのを目標に動き始めよう！　大嶋先生、何から始めればいい!?

さっそくですね（笑）。では、まず発起人を決めましょう。発起人とは、会社でいえば、「会社を最初につくり始める時に、設立の手続きをし、いろいろな決めごとをつくり、出資をする人」です。**労働者協同組合を設立するには、発起人が３人以上、必要**になります。

〖わかば〗の理事４人がそのまま発起人にスライドするんでいいんじゃない？　どう？

任意団体だから気軽に名前を連ねてましたけど……ちゃんとした会社となると、発起人になるってのはちょっと荷が重いです……。３人でいいなら、最初からのメンバーの坂井さん・中松さん・山口さんでお願いできたらと思うんですけど……。

僕にあんまり難しいことを求められても困るけど、まぁ、坂井さんと山口さんがしっかりしてるしね！　僕ら３人が発起人ってことでいいんじゃない！

労働者協同組合の発起人

労働者協同組合を設立するには、組合員になろうとする３人以上の者が発起人となる必要があります（法22条）。発起人とは、「組織の設立を企画し、設立手続の中心的な担い手となる人」であり、その仕事は、組合を無事に設立まで導くことです。なお、発起人の地位は、理事（☞100ページ）が選任され、当該理事に事務を引き継ぐことによって終了します（法24条）。

発起人の資格

法律上、発起人の資格が規定されているわけではありませんが、発起人は組合成立後は組合員となることから、定款（☞109ページ）で定めることが予定されている組合員の資格要件を満たしていることは最低限、必要となります。また、組合員は出資（☞95ページ）１口以上を有しなければなりませんので（法９条１項）、発起人になろうとする者には、「組合に出資できること」が求められます。

発起人の活動

発起人の活動の詳細についても、法律には規定されていません。

おおむね、株式会社設立時の発起人の活動に準じて考えればよいでしょう。具体的には、定款の作成、役員候補の選任、出資の履行、創立総会の招集などを行うこととなります。

2
出資額を決めよう

次に、それぞれの出資額を決めましょう。**「出資」というのは、労働者協同組合の組合員としての地位を取得するために、組合に財産を提供する行為**です。**組合員は、全員出資をする必要があります**ので、皆さんそれぞれご事情もあると思いますが、そこも含めて誰がいくら出資するか、決めていきましょう。

前提として、総額でだいたいいくらくらい集まればいいのかな？

おおよその目安ですが、家賃と設備費、運営費の半年分くらいは集められるとよいですね。

この物件、居抜きだったじゃない。たとえばなんだけど、僕の出資分の一部として、今お店で使ってもらってるテーブルに椅子、それに食器類なんかもカウントしてもらうことはできるの？

はい、**設備や調度品などの提供も、現物出資として扱えます**よ。**その場合は、インターネットで検索したりして現在の評価額などを計算してみるとよい**ですね。

ちょっとみてみるわ――え～っと……評価額は全部でだいたい 10 万円くらいみたい。

家賃が半年で 60 万円だろ。あとは初期費用とか運用コストが合わせて 90 万円くらいかな。人件費は事業計画に基づいて収益で賄ってみよう。

家財の評価額も合わせると、集めたいのは約 160 万円ということですね。いったん一口 5 万円として、それぞれ何口出資するか、4 人で話し合って決めてください。

あれっ、大嶋先生は出資してくれないの!?　出資して組合員になって、それでアドバイザーとして僕らのワーカーズ・コープを一緒に盛り立ててくださいよ～。

ええ～……仕方ないですねぇ、じゃあ僕も出資しますか。

やった、ありがとうございます！

では改めて。先ほども言いましたが、**組合員は全員出資をすることになりますので、皆さん、必ず1口以上は出資してください**ね。また、**1人が出資できる口数は総口数の25%まで**と決まっていますから、ほかの人の出資口数が少なくて1人が突出して多いといった決め方はできません。このあたりは、話し合って調整するようなことも必要です。中松さんの現物出資については、評価額が約10万円とのことですから、2口、出資に加えましょう。

労働者協同組合への出資

「出資」とは、組合員としての地位を取得するため、組合に財産を提供することをいいます。出資額については、基本的に、事業目的や事業規模、組合員の数および資力などの事情を基準に、自由に定款（☞109ページ）で決めることができますが、次の条件を遵守しなければなりません（法9条）。

- □組合員は、それぞれ1口以上出資しなければならない（1項）
- □出資一口の金額が均一でなければならない（2項）
- □組合員の数が3人を超える労働者協同組合においては、一組合員の出資口数は、原則として出資総口数の25%を超過してはならない（3項、4項）

なお、組合員の責任は、その出資額が限度となります（有限責任。法9条5項）。

現物出資により出資が行われる場合の取扱い

「現物出資」とは、金銭以外の財産（不動産、動産、有価証券等）によって出資を行うことです。現物出資によれば、事業に利用できる資産を持っている組合員は、その資産を組合に提供すれば金銭を支払う必要がありません。一方、組合にとっても、購入する手間をかけずにすぐにその資産を利用することができ、便利です。

現物出資の場合には、その資産について何口の持分を割り当てるのかを決めなければならないため、資産の評価が重要となります。具体的には、市場価格のあるもの（不動産や株式等）については市場価格を基準に評価することになります。市場価格がないもの（中古設備など）は、専門家による評価が必要となります。

また、評価に誤りがあると持分の付与が不公平なものとなってしまいますので、評価の妥当性を担保するため、定款に、現物出資者の氏名、出資の目的たる財産、その価格、与える出資口数を記載しなければなりません（法 29 条 2 項）。

（財産分与）

第〇条　当組合の設立に際して現物出資する者の氏名、出資の目的たる財産、その価格及びこれに対して割り当てる出資口数は、次のとおりとする。

① 現物出資する者の氏名　中松優二
② 目的財産の表示及び価格　定款別表記載のとおり
③ 割り当てる出資口数　２口

定款別表

No.	目的財産	単価	数量	価格
1	＊＊社製木製テーブル	10,000 円	4	40,000 円
2	＊＊社製木製椅子	5,000 円	8	40,000 円
3	＊＊社製食器セット	20,000 円	1	20,000 円

3
役員を決めよう

じゃあ、出資額は、僕が8口・40万円、山口さんが8口・40万円、中松さんが6口・30万円プラス現物出資が2口・10万円、寺山さんが2口・10万円、大嶋先生が6口・30万円ってことで——皆さん準備のほう、よろしくお願いします。

りょうか〜い。

では次に、役員を決めましょう。**労働者協同組合には、役員として、3人以上の理事と1人以上の監事をおかなければなりません**。**役員は創立総会における選挙か選任決議で決める**んですが、総会の段になって「なり手がいない！」なんてことになると大変ですからね、先に候補を決めてしまいましょう。

あれ、前にも役職みたいなの決めなかったっけ——って、あれは発起人か。役員って、また違うものなの？

はい。簡単にいうと、**発起人は“出資”する、つまりお金を出して組織をスタートする人。役員は、その組織の“運営”を担当する責任者**です。

役員として、理事が３人、監事が１人必要なんだよね？

理事の仕事は、法令や定款・規約、それに総会の決議を遵守して組合を運営することです。組合員のなかから選ぶ必要があります。発起人が理事になることももちろん可能ですよ！ **監事のほうは、理事たちがきちんと仕事をしているか、監査するのが仕事**になります。

発起人が３人、そのまま理事になるってことでいいんじゃない？

あ〜ごめん、悪いけど、僕は運営とかは苦手だから……責任者になるってのは荷が重いな。

じゃあ……大嶋先生にお願いするしかないかな？

ほかのメンバーより出資額が少ない人が理事になっても問題ありませんか？

はい、大丈夫です。

それなら私、理事のほうは引き受けます。

これで３人、候補が決まりましたね。このなかから**理事会で代表理事を選定**することになりますが、こちらはどうしますか？

僕、引き続き代表を務めたいんだけど、どうだろう？

ぜひお願いしたいわ！ もともと坂井さんをリーダーにして進んできたプロジェクトだもんね。

監事は大嶋先生にお願いできる？

アドバイザーとして参加するなら、監事は僕じゃないほうがいいと思います。引き続きやってもらえないか、村木先生にちょっと声をかけてみますよ。

労働者協同組合の役員

労働者協同組合には、役員として、3人以上の理事（☞105ページ）と、1人以上の監事（☞106ページ）をおかなければなりません（法32条1項・2項）。労働者協同組合と役員との関係は、委任に関する規定が適用されます（法34条）。

理事および監事は、いずれも総会（設立時は創立総会）において選挙または選任する必要があります（法32条3項・12項）。

選挙とは、組合員が候補者に投票することで、多数の票を得た者を被選任者として決定することです。役員の選挙は、原則として無記名投票で、組合員一人につき１票で行われます（同条７項・８項）。ただし、総会出席者に異議がない場合には、指名推選（推薦された者について出席者全員の同意をもって当選人とする方法）によること（同条９項・10 項）や、候補者を役員として選任することについて採決をして決定すること（同条12 項）もできます。

役員の資格要件

役員の資格要件は、次のとおり定められています（法 35 条）。

□法人ではないこと（1 号）

□心身の故障のために職務を適正に執行することができない者として厚生労働省令で定める者に該当しないこと（2 号）

※「厚生労働省令で定める者」とは、「精神の機能の障害により役員の職務を適正に執行するに当たって必要な認知、判断及び意思疎通を適切に行うことができない者」とされています（法施行規則 8 条）。

□会社法等の一定の法律に定める罪により刑に処せられた者については、その執行終了から２年を経過していること（3号）

□上記に定める法律以外の法律に違反して禁錮以上の刑に処せられた者については、その執行が終わるか、刑の執行猶予を受けた場合を除きその執行を受けることがなくなっていること（4 号）

□暴力団の構成員等ではないこと（5 号）

理事については、「組合員（設立時の場合には「組合員になろうとする者」）であること」（法32条4項）も必要です。

監事は、理事や組合の使用人と兼務することはできません（法43条）。また、組合員の総数が1,000人を超える組合については、監事の地位の独立性をよりいっそう確保するため、監事のうちの1人以上について、①その組合の組合員以外の者であること、②その就任前5年以内に、その組合の理事、使用人、子会社（その組合が総株主等の議決権の過半数以上を有する会社）の役員や使用人等ではなかったこと、③その組合の理事または重要な使用人の配偶者または2親等内の親族以外の者であること、が求められます（法32条5項、法施行令2条）。

理事の職務

労働者協同組合には、すべての理事で組織する理事会をおかなければなりません（法39条1項・2項）。そして、組合の業務の執行は、理事会により決されます（同条3項）。

理事の職務は、この理事会の構成員として理事会の議事に参加することです。つまり、組合の業務執行の決定に参加することが、理事の仕事であるといえます。

理事会の決議は、議決に加わることができる理事の過半数（これを上回る割合を定款または規約で定めた場合はその割合以上）が出席し、その過半数（これを上回る割合を定款または規約で定めた場合はその割合以上）をもって行います（法40条1項）。決議について特別の利害関係を有する理事は、議決に加わることができません（同条2項）。

株式会社でいえば、理事会は取締役会、理事は取締役に近い存在といえるでしょう。実際、理事については会社法上の取締役に関する規定の一部が準用されます（法38条3項）。

理事と組合との関係は、委任契約とされています（法34条）。理事は、組合に対して、その職務の執行にあたり善良なる管理者の注意義務を負うとともに（民法644条準用）、法令、定款および規約ならびに総会の決議を遵守し、組合のために忠実にその職務を行う義務を負います（法38条1項）。自己または第三者のために組合と取引をしようとするとき、組合と自分の利益が相反する取引をしようとするときは、その取引について重要な事実を開示し、その承認を受けなければならず（法44条1項）、また、取引後、遅滞なく、当該取引についての重要な事実を理事会に報告しなければならない（同条3項）と規定されています。

代表理事

理事会は、理事のなかから、労働者協同組合を代表する理事（代表理事）を選定しなければなりません（法42条1項）。代表理事は、組合の業務に関する一切の裁判上または裁判外の行為をする権限を有します（同条2項）。

監事の職務

監事の職務は、理事の職務の執行を監査し、監査報告を作成することです（法38条2項、法施行規則52条、53条）。株式会社でいう監査役に近い存在であり、会社法上の監査役に関する規定が準用されます（法38条3項）。

監事は理事や組合の使用人との兼職を禁じられているところ（法43条）、特に小規模の組合において生じる、全員で組合の活動を行いたいというニーズに応えるため、組合員の総数が20人を超えない場合に限り、監事に代えて、理事以外のすべての組合員をもって組織する「組合員監査会」をおくことが認められています（法54条1項）。この監査会で理事の職務の執行を監査し、厚生労働省令で定めるところにより監査報告の作成を行うことになります（同条3項、法施行規則63条）。なお、組合員監査会を組織する組合員は3人以上でなければならないと定められています（法54条2項）。

役員の任期

理事の任期は、2年以内で、かつ定款で定める期間、監事の任期は、4年以内で、かつ定款で定める期間です（法36条1項・2項）。それぞれ、定款（☞109ページ）によって、任期中の最終の決算期に関する通常総会の終結の時まで任期を伸長することが可能です（同条4項）。

なお、設立時役員については、理事・監事いずれも、1年以内で、かつ選任する創立総会決議で定める期間とされます（同条3項）。

役員の責任

役員は、その任務を怠ったときは、組合に対し、これによって生じた損害を賠償する責任を負います（法45条1項）。任務を怠ってされた行為が理事会の決議に基づいて行われたときは、その決議に賛成した理事は、その行為をしたものとみなされます（同条2項）。また、その決議に参加した理事であって議事録に異議をとどめない者は、その決議に賛成したものと推定されます（同条3項）。

役員の労働者協同組合に対する損害賠償責任は、総組合員の同意がなければ免除することができません（同条4項）。ただし、その責任を負う役員が職務を行うにつき善意でかつ重大な過失がないときは、総会の決議によって、賠償の責任を負う額から一定の額を免除することができます（同条5項）。

また、役員は、その職務を行うについて悪意または重大な過失があったときは、これによって第三者に生じた損害を賠償する責任を負います（法46条）。

一方で、あまりに役員の責任が重いと、役員のなり手がいなくなってしまうことも懸念されるところです。そこで、組合は、役員の負担を軽減するために、理事会の決議に基づいて、役員がその責任を追及された場合にかかる費用を負担する契約を役員との間で締結し（法48条）、あるいは、役員の損害賠償責任を補償する保険契約を保険会社と締結する（法49条）ことができます。これら契約の締結により、役員に過酷な責任が生じないようにし、役員のなり手を確保しておくことが可能となります。

4
定款をつくろう

では次に、定款の案をつくりましょう！ **定款というのは、組織を設立する際に必要な、とても重要なもの**です。簡単にいうと、会社の説明書のようなものですね。**何を書かなければならないかが法律で決められている**ので、それに従って１つずつ埋めていきましょう。**定款案は、創立総会で承認されることによって有効となります。**

労働者協同組合の定款

労働者協同組合の発起人は、「定款」を作成しなければなりません（法 23 条 1 項）。定款とは、労働者協同組合におけるもっとも重要で基本的な事項を定める規程であり、いわば組合の“憲法”のようなものです。組合で制定される最初の定款を「原始定款」といいます。

定款は組合の基本事項を定めるものですので、その内容は、次に掲げる労働者協同組合としての要件（法 3 条）を充足している必要があります。

- □組合員が出資すること（組合員による出資）
- □その事業を行うにあたり組合員の意見が適切に反映されること（組合員の意見反映）
- □組合員が組合の行う事業に従事すること（組合員による業務従事）
- □組合員が自由に加入し脱退できること（加入・脱退の自由）
- □組合員（組合の業務執行者、理事の職務のみ行う者、監事である者は除く）との間で労働契約を締結すること（組合員の労働者性）
- □組合員の議決権および選挙権は、出資口数にかかわらず平等であること（持分均等）
- □組合との間で労働契約を締結する組合員が総組合員の議決権の過半数を有すること（労働者組合員による過半数議決権）
- □剰余金の配当は組合員が組合の業務に従事した程度に応じて行うこと（従事配当）

原始定款は、創立総会（☞127ページ）で承認されることによって有効となります。発起人は、定款案を作成したうえで、その定款案の承認を創立総会の議事として上程することになります。

定款の絶対的記載事項

組合の定款には、次に掲げる事項を記載し、または記録しなければなりません（法29条1項）。

□事　業
□名　称
□事業を行う都道府県の区域
□事務所の所在地
□組合員たる資格に関する規定
□組合員の加入および脱退に関する規定
□出資一口の金額およびその払込みの方法
□剰余金の処分および損失の処理に関する規定
□準備金の額およびその積立ての方法
□就労創出等積立金に関する規定
□教育繰越金に関する規定
□組合員の意見を反映させる方策に関する規定
□役員の定数およびその選挙または選任に関する規定
□事業年度
□公告方法

少しくわしくみておきましょう。

事　業

組合の事業目的を記載します。法で定められた条件（「組合の基本原理に従って行われる、活力ある地域社会の実現に資する事業」であること）を満たしている必要があります。なお、労働者派遣事業を行うことはできません（法７条２項、法施行令１条）。〔☞定款例第２条〕

名　称

組合の名称です。組合の名称について、法は、①名称中に「労働者協同組合」という文字を用いること（前につけるか、後につけるかは問いません）、②他の組合であると誤認されるおそれのある文字を用いないこと、との条件を定めており（法４条）、違反については罰則も規定されています（法137条）。

なお、漢字やひらがな、カタカナ、アラビア数字、ローマ字はもちろん、「.」（ピリオド）や「&」（アンパサンド）などの符合も使用することができます。一方で使えない符合（「☆」や「◇」など）や文字（ハングルやアラビア文字）もありますので、注意が必要です。また、スペース（空白）は、ローマ字で複数の単語を表記する場合に限り使用することができます。〔☞定款例第１条〕

事業を行う都道府県の区域

労働者協同組合においては、その事業の特質として「地域社会への貢献」があることから、事業を行う区域を規定することが求められています。〔☞定款例第３条〕

事務所の所在地

主たる事務所を、定款で定める必要があります。その事務所が組合の住所となり、その所在地を管轄する都道府県知事がその組合の

所管行政庁となります。〔☞定款例第４条〕

組合員たる資格に関する規定

「個人であること」以外、組合員に求められる資格についての法律上の制限はありませんが、そのほか、組合で自由に資格要件を定めることができます。たとえば、一定の地域に居住していることを求めたり、事業目的に照らして必要な資格・経験・能力などを規定したりすることも考えられます。〔☞定款例第６条〕

組合員の加入および脱退に関する規定

組合員の加入の際に必要な承諾手続（法12条２項）、除名事由（法15条２項３号）、脱退者の持分払戻しに関する条件（法16条１項）などについて規定します。〔☞定款例第７条〕

出資一口の金額およびその払込みの方法

出資一口の金額は均一でなければなりません（法９条２項）。また、出資金は必ず現実に払込みをする必要があり、組合に対する債権との相殺をもって出資することはできません（同条６項）。したがって、「組合が指定する銀行口座への振込み」または「現金支払い」などと規定することになります。〔☞定款例第９条〕

剰余金の処分および損失の処理に関する規定

剰余金の従事配当（法77条２項）、組合員に配当する剰余金を出資の払込みに充てる手続き（法78条）について規定します。〔☞定款例第41条、第43条〕

準備金の額およびその積立ての方法

剰余金から準備金として積み立てる上限額や、具体的な積立ての手続きについて規定します。労働者協同組合は、定款で定める額に達するまでは、毎事業年度の剰余金の10分の1以上を準備金として積み立てなければならず（法76条1項）、また定款で定める額は、出資総額の2分の1を下回ってはならないと定められています（同条2項）。この準備金は、損失の填補にあてる場合を除き、取り崩すことができません（同条3項）。〔☞定款例第37条、第38条〕

就労創出等積立金に関する規定

就労創出等積立金（法76条4項）とは、中長期的な視点から将来事業を拡大する際の原資、すなわち将来の事業資金として使用するために剰余金からの積立てが義務づけられたものです。労働者協同組合には、毎事業年度の剰余金の20分の1以上を積み立てることが求められています。定款においては、剰余金からの積立額や、具体的な積立ての手続きについて規定することになります。〔☞定款例第39条〕

教育繰越金に関する規定

教育繰越金（法76条5項）とは、組合員の組合の事業に関する知識の向上を図るための教育にかかる資金です。労働者協同組合は、毎事業年度の剰余金の20分の1以上を、教育繰越金として翌事業年度に繰り越さなければなりません。定款に、繰越額や具体的な繰越しの手続きについて規定します。〔☞定款例第40条〕

組合員の意見を反映させる方策に関する規定

労働者協同組合の重要な特徴の1つとして、労働者である組合員が主体となって意見を出し合って事業を決め、遂行していくことが挙げられます（法3条1項2号）。そのため、組合の事業の決定や運営において組合員の意見を反映するしくみづくりが、組合運営の本質として求められることとなります。定款に、組合員から意見を集約するための会議体、窓口やその運営方法等について規定します。〔☞定款例第 13 条〕

役員の定数およびその選挙または選任に関する規定

役員の定数およびその選任等についての法の規定に基づいて、組合における具体的な定数や選任等の手続きについて規定します。〔☞定款例第 20 条、第 21 条、第 31 条、第 32 条〕

事業年度

事業年度とは、事業計画と遂行および財務状態に関する報告を行うための年度ごとの期間を指します。いつを年度の開始月とするかは、自由に決めることができます。繁忙期を避ける、資金繰りに余裕がある時期を税務申告期間（決算期から 2 か月以内）にあてるなど、さまざまな事情を考慮して決定しましょう。〔☞定款例第 36 条〕

公告方法

公告とは、法律に基づき、一定の事項について公（社会）に向けて告知することです。労働者協同組合には、定款作成（法 23 条 1 項・2 項）、出資一口の金額の減少（出資者を募りやすくしたり、欠損が生じた場合に純資産と出資総額を一致させたりするために、一口当たりの出資金額を減少させること。法 73 条 2 項）などの場合の公告が義務づけられています。

なお、公告の方法として、①官報に掲載する方法、②日刊新聞紙に掲載する方法、③電子公告があります。〔☞定款例第 5 条〕

定款の相対的記載事項

必ず取り決めなければならないものではありませんが、取決めをする場合には定款に記載または記録をしておかなければならない事項もあります。これを「相対的記載事項」といい、たとえば次の事項が定められています（法 29 条 2 項）。

□組合の存続期間または解散の事由を定めたとき：
　その期間またはその事由

□現物出資をする者を定めたとき：
　その者の氏名、出資の目的たる財産およびその価格ならびにこれに対して与える出資口数〔☞定款例第 46 条〕

□組合の成立後に譲り受けることを約した財産があるとき：
　その財産、その価格および譲渡人の氏名

このほかにも、法が定款の定めを要件としている事項がこれに該当します（法 29 条 7 項）。

定款の任意的記載事項

労働者協同組合の定款には、その他の事項で同法に違反しないものを記載または記録することができます（法 29 条 7 項）。

規約で定めることのできる事項

次の事項については、定款で定めなければならない事項を除いて、規約で定めることができます（法 30 条）。

□総会または総代会に関する規定（1 項）
□業務の執行および会計に関する規定（2 項）
□役員に関する規定（3 項）
□組合員に関する規定（4 項）
□その他必要な事項（5 項）

定款・規約の保管

労働者協同組合は、定款・規約を各事務所に備え置かなければなりません（法 31 条 1 項）。組合員や組合債権者は、組合に対して、定款・規約の閲覧・謄写の請求をすることができ、組合は、正当な理由なくこれを拒むことができません（同条 2 項）。

◆労働者協同組合定款例

労働者協同組合 まちなかコミュニティわかば
定　款

第1章　総　則

（名称）

第1条　当組合は、「労働者協同組合 まちなかコミュニティわかば」と称する。

（目的及び事業）

第2条　当組合は、次の事業を営むことを目的とする。

①　コミュニティ・カフェの運営

②　地域ビジネスコミュニティの運営

③　前各号に附帯又は関連する一切の事業

（事業を行う都道府県）

第3条　当組合の事業は、＊＊県において行う。

（事務所の所在地）

第4条　当組合は、事務所を＊＊県＊＊市に置く。

（公告方法）

第5条　当組合の公告方法は、官報に掲載する方法により行う。

第2章　組合員及び出資

（組合員の資格及び労働者性）

第6条　当組合の組合員は、第3条に定める都道府県に居住する者でなければならない。

2　当組合は、組合員（組合の業務を執行し又は理事のみを行う組合員及び監事である組合員を除く。）との間で労働契約を締結しなければならない。

（組合員の加入及び脱退）

第７条　当組合への加入を希望する者は、引き受けようとする出資口数を記載した加入申込書を代表理事に提出して当組合への加入を申し込む。当該申込みを受けた代表理事は、当該申込者が組合員の資格を有することを確認したうえで、理事会に当該申込みを承認するか否かを諮る。なお、理事会は、正当な理由なく当該申込みの承認を拒むことはできない。

2　当組合への加入申込者は、理事会が加入を承認し、かつ、出資金の払込みを完了した時に組合員となる。

3　組合員は、あらかじめ 90 日前までに当組合の定める手続きに従って代表理事に申し出ることにより、事業年度末において当組合を脱退することができる。

4　前項に定める場合のほか、組合員は次に掲げる場合に当組合を脱退する。

①　前条に定める組合員たる資格の喪失

②　死亡

③　除名

5　組合員の除名及び持分の払戻し等については、労働者協同組合法（以下、「法」という。）第 15 条第 2 項及び第 3 項並びに第 16 条に定める手続きに基づいて行う。

（出資義務）

第８条　組合員は、一口以上の出資をしなければならない。

（出資一口の金額及び払込方法）

第９条　当組合の一口当たりの出資金額は５万円とし、組合が指定する銀行口座への全額一時払込みにて払い込むものとする。

（持分）

第 10 条　各組合員は、総会における議決権を各 1 個保有する。

2　組合員は、持分を譲渡し又は担保に供することはできない。

（出資口数の減少）

第 11 条　組合員は、やむを得ない理由があるときは、理事会の承認を得て、その出資の口数を減少させることができる。

2　組合員がその出資の口数を減少させたときは、払込み済み出資額を限度として、減少した口数にかかる持分額を払い戻す。

3　前項に定める払戻額の計算については、法第 19 条第 2 項の定めに従う。

（組合員名簿）

第 12 条　代表理事は、当組合の組合員の氏名、住所及び出資口数を記載した組合員名簿を作成し、常に事務所に備置する。

2　代表理事は、組合員の氏名、住所等に変更が生じた場合には、速やかに組合員名簿を変更する。

（組合員協議会）

第 13 条　当組合は、組合員の意見を当組合の事業に適切に反映させるため、組合員協議会を設置する。

2　組合員協議会の構成及び運営については、総組合員の協議により定める。

3　理事会は、組合員協議会の活動を尊重し、そこで集約された組合員の意見を適切に事業に反映しなければならない。

第 3 章　総　　会

（招集）

第 14 条　当組合の通常総会は、毎事業年度の終了後 3 か月以内に招集し、臨時総会は、随時必要に応じて招集する。

（総会決議事項）

第 15 条　次に掲げる事項は、総会の議決を経なければならない。

①　定款の変更

② 規約の設定、変更又は廃止
③ 毎事業年度の決算報告及び事業報告の承認
④ 毎事業年度の収支予算及び事業計画の設定又は変更
⑤ 組合の子会社の株式又は持分の全部又は一部の譲渡（ただし、法第63条第1項第4号に定める場合に限る。）
⑥ 労働者協同組合連合会への加入又は同連合会からの脱退
⑦ 剰余金の処分及び損失の処理
⑧ その他、法令で定める事項

（招集手続）

第16条 総会は、法令に別段の定めがある場合を除き、理事会の決議に基づいて代表理事が招集する。ただし、代表理事に事故又は支障があるときは、あらかじめ理事会の定めた順序に従い、他の理事が招集する。

（招集通知）

第17条 総会の招集通知は、会議の目的事項を記載し、組合員に対し会日の1週間前までに発する。

2 書面をもって議決権を行使しようとする組合員は、あらかじめ議決権行使書面にそれぞれ賛否を記載し、これに署名又は記名押印のうえ、総会の日の前日までに当組合に提出しなければならない。

（総会の決議方法）

第18条 総会の決議は、法令に別段の定めがある場合を除き、議決権を有する総組合員の半数以上が出席し、その議決権の過半数をもって行う。なお、可否同数のときは、議長が決する。

（議事録）

第19条 総会の議事については、法第69条の定めに基づいて議事録を作成し、議長及び出席理事全員がこれに署名若しくは記名押印又は電子署名したうえで、10年間当組合の事務所に備え置く。

第４章　理事、理事会及び代表理事

（理事の定数）

第 20 条　当組合の理事の員数は、３名以上とする。

（理事の選任）

第 21 条　当組合の理事の選任は、総会の決議をもって行う。

（理事の任期）

第 22 条　理事の任期は、選任後２年以内に終了する事業年度のうち最終のものに関する通常総会の終結の時までとする。

（代表理事）

第 23 条　理事のうち１名を代表理事とし、理事会の決議によってこれを選定する。

2　代表理事は、当組合を代表する。

（理事会の招集権者及び議長）

第 24 条　理事会は、法令に別段の定めがある場合を除き、代表理事が招集し、議長となる。

2　代表理事に欠員又は事故があるときは、理事会があらかじめ定めた順序により、他の理事が理事会を招集し、議長となる。

（理事会の招集）

第 25 条　理事会の招集通知は、会日の５日前までに各理事及び監事に対して発する。ただし、緊急の必要があるときは、この期間を短縮することができる。

2　理事及び監事の全員の同意があるときは、招集の手続きを経ないで理事会を開くことができる。

（理事会の決議方法）

第 26 条　理事会の決議は、議決に加わることができる理事の過半数が出席し、その出席理事の過半数をもって行う。

2　決議について特別の利害関係がある理事は、議決権を行使することができない。

（理事会の決議の省略）

第 27 条　当組合は、理事が理事会の決議の目的である事項について提案をした場合において、当該提案につき理事（当該事項につき議決に加わることができる者に限る。）の全員が書面又は電磁的記録により同意の意思表示をしたときは、当該事項を可決する旨の理事会の決議があったものとみなす。ただし、監事が異議を述べたときは、この限りでない。

（理事会議事録）

第 28 条　理事会の議事については、開催の日時及び場所、議事の経過の要領及びその結果、出席した特別利害関係を有する理事の氏名、その他法第 41 条に定める事項を議事録に記載又は記録し、出席した理事及び監事が署名若しくは記名押印又は電子署名をし、理事会の日から 10 年間事務所に備え置く。

（理事の責任免除）

第 29 条　当組合は、法第 45 条第 9 項が準用する会社法第 426 条第 1 項の規定により、理事会の決議をもって、法第 45 条第 1 項の理事（理事であった者を含む。）の責任について、法令の限度において免除することができる。

（理事の報酬）

第 30 条　理事の報酬は、総会の決議によって定める。

第５章　監　　事

（監事の定数）

第 31 条　当組合の監事の員数は、1 名以上とする。

（監事の選任）

第 32 条　当組合の監事の選任は、総会の決議をもって行う。

（監事の任期）

第 33 条　監事の任期は、選任後４年以内に終了する事業年度のうち最終のものに関する通常総会の終結の時までとする。

（監事の責任免除）

第 34 条　当組合は、法第 45 条第９項が準用する会社法第 426 条第１項の規定により、理事会の決議をもって、法第 45 条第１項の監事（監事であった者を含む。）の責任について、法令の限度において免除することができる。

2　当組合は、法第 45 条第９項が準用する会社法第 427 条第１項の規定により、監事との間に、法第 45 条第１項の責任を限定する契約を締結することができる。ただし、当該契約に基づく責任の限度額は、法令が規定する額とする。

（監事の報酬）

第 35 条　監事の報酬は、総会の決議によって定める。

第６章　会　計

（事業年度）

第 36 条　当組合の事業年度は、毎年４月１日から翌年３月 31 日までとする。

（剰余金の処分）

第 37 条　剰余金は、準備金、就労創出等積立金、教育繰越金及び配当金として処分する。

（利益準備金）

第 38 条　当組合は、出資総額の２分の１に達するまで、毎事業年度の剰余金（繰越損失金がある場合には、当該損失を填補した後の残額。以下、第 39 条乃至第 41 条において同じ。）の 10 分の１以上を準備金として積み立てる。

（就労創出等積立金）

第 39 条　当組合は、その事業規模及び事業活動の拡大を通じた就労の機会の創出を図るために必要な費用に充てるため、毎事業年度の剰余金の 20 分の 1 以上を就労創出等積立金として積み立てる。

（教育繰越金）

第 40 条　当組合は、組合員の当組合の事業に関する知識の向上を図るために必要な費用に充てるため、毎事業年度の剰余金の 20 分の 1 以上を教育繰越金として翌事業年度に繰り越す。

（剰余金の配当）

第 41 条　当組合が組合員に対して行う配当は、毎事業年度の剰余金の範囲内において行う。

2　前項に基づいて行う剰余金の配当は、その事業年度において組合員が当組合の事業に従事した日数及びその労務の内容、責任の程度等に応じてこれを行う。

3　剰余金の配当は、その事業年度の剰余金処分案を決議する総会の終了時点において組合員である者に対して行う。

（配当金の除斥期間）

第 42 条　剰余金の配当が、その支払いの提供の日から 3 年を経過しても受領されないときは、当組合は、その支払義務を免れる。

2　前項の未払配当金には利息を付けない。

（損失の処理）

第 43 条　当組合は、事業年度末において損失がある場合には剰余金から填補し、不足がある場合には準備金を取り崩してその填補に充てる。

第 7 章　附　　則

（残余財産の分配）

第 44 条　当組合が解散するときにおける残余財産の分配の方法は、

総会の決議に基づいて決する。

（定款に定めのない事項）

第45条　この定款に定めのない事項は、労働者協同組合法その他の法令の定めるところによる。

（財産分与）

第46条　当組合の設立に際して現物出資する者の氏名、出資の目的たる財産、その価格及びこれに対して割り当てる出資口数は、次のとおりとする。

①　現物出資する者の氏名　　中松優二
②　目的財産の表示及び価格　　定款別表記載のとおり
③　割り当てる出資口数　　2口

定款別表

No.	目的財産	単価	数量	価格
1	＊＊社製木製テーブル	10,000円	4	40,000円
2	＊＊社製木製椅子	5,000円	8	40,000円
3	＊＊社製食器セット	20,000円	1	20,000円

5
創立総会を開こう

やっと定款ができたね！ いやぁ～難しくて頭がクラクラしたよ。さて大嶋先生、お次は何だい？

法人の創立総会の準備です。**創立総会というのは、組織設立に関わるさまざまなことを確認し合う場を設けるために、発起人が関係者を集めて開催する会合**です。具体的には、そこで**定款案の承認や事業計画の設定、役員の選挙・選任などが行われます**。

おお～、いよいよ会社がスタートするって気がするね！ よし、じゃあさっそく、創立総会の日取りを決めよう！ できるだけ早くやりたいね！

創立総会は**開催の２週間前までに公告する必要があります**から、日時は慎重に検討しましょう。

創立総会とは

創立総会とは、組合を設立するにあたり開催しなければならない会議体です。発起人は、作成した定款を会議の日時・場所とともに公告して、創立総会を開かなければなりません（法 23 条 1 項）。この公告は、会議開催日の少なくとも 2 週間前までに行う必要があります（同条 2 項）。

創立総会は、組合員の資格を持ち創立総会の開催の日までに発起人に組合設立への同意を申し出た者（「組合員になろうとする者」）の半数以上の出席により成立します（同条 5 項）。その議事は、次の事項です。

□原始定款の承認または変更（組合員としての資格に関する規定は除く。法 23 条 3 項・4 項）

□事業計画の設定（法 23 条 3 項）

□設立時理事および監事の選挙・選任（法 32 条 3 項ただし書）

議事は、出席者の議決権の3分の2以上で決します。創立総会は組合の基本事項を定めるものであることから、通常の総会の決議要件（原則として出席者の過半数）より加重されています（法23条5項）。

創立総会終了後には、創立総会議事録を作成する必要があります（法23条7項、法施行規則4条）。

事務の引継ぎ

創立総会で理事が選任されたあとは、発起人は、遅滞なく、その事務を理事に引き継がなければなりません（法24条）。具体的には、設立趣意書や定款・規約、組合員名簿、会計帳簿、創立総会議事録等の書類を引き継ぎ、今後の組合の経営が発起人から理事に移管されたことを組合員や取引関係者等に周知するとともに、その他の情報の提供などを行うこととなります。

なお、設立時の理事は、厚生労働省令の定めるところに従って、成立の日における貸借対照表を作成することが求められています（法51条1項、法施行規則21条～32条）。

◆創立総会　進行シナリオ

【議長の選任】	
坂井	まもなく定刻となりますので、開会宣言の前に議長を選任させていただきます。 議長については、総会の場で互選により選任することとなっております。代表発起人のわたくし坂井が務めたいと思いますが、ご異議ございませんでしょうか。
議場	異議なし！
坂井	ありがとうございます。では、わたくしが議長を務めさせていただきます。
【開会宣言】	
議長	それでは定刻となりましたので、ただいまより、『労働者協同組合 まちなかコミュニティわかば』の創立総会を開催いたします。
【定足数および出席者の報告】	
議長	まず、本創立総会の定足数と出席者数について報告いたします。 創立総会の定足数は、労働者協同組合法第 23 条第 5 項に基づき、組合員たる資格を有する者で本日までに発起人に対して設立の同意を申し出た者の半数以上とされております。 なお、当組合の組合員たる資格を有する者で本日までに発起人に対して設立の同意を申し出た者は 5 名（※坂井、中松、山口、寺山、大嶋）であり、本総会においてはその 5 名全員の出席を得ておりますので、必要な定足数を満たしております。
【挨拶】	
議長	では、創立総会の審議に先立ちまして、代表発起人でありますわたくしより、一言、当組合の設立の趣旨をご説明し、これにご賛同いただきました皆様にご挨拶いたしたいと思います。 ……（挨拶）…… 以上、ご清聴ありがとうございました。今後ともよろしくご支援のほどお願いいたします。
【議事運営方法の説明】	
議長	これから審議に入りますが、議案を上程する前に、議事の運営

	方法についてご説明いたします。 本総会の議事の運営については、議事の秩序を保つため、議長であるわたくしの指示に従っていただきますようお願いいたします。ご発言のある方は、わたくしの指示する順序に従い、氏名をおっしゃったあとにご発言ください。
【第１号議案の上程】	
議長	では、議案を上程いたします。 まず、第１号議案「定款案承認の件」を上程いたします。議案の内容については、事前に配付いたしております議案書に記載のとおりですが、その概要をご説明いたします。 ……（定款案の概要の説明）……
【第１号議案の審議】	
議長	それでは、ここで本議案について、ご質問やご意見をお受けいたします。ご質問やご意見のある方は挙手のうえ、わたくしが指名した順序に従って、氏名を述べたうえでご発言ください。 それではご発言のある方は挙手をお願いいたします。 ……（質疑応答）……
【第１号議案の採決】	
議長	それでは議論も出尽くしたようですので、本議案につき採決を行います。本議案に賛成の方は挙手をお願いいたします。
議場	（賛成者挙手）
議長	ありがとうございます。賛成者が出席者の３分の２以上ですので、第１号議案は承認可決されました。
議場	（拍手）
【第２号議案の上程】	
議長	次に、第２号議案「第１期事業計画承認の件」を上程いたします。議案の内容については、事前に配付いたしております議案書に記載のとおりですが、その概要をご説明いたします。 ……（事業計画の概要の説明）……
【第２号議案の審議】	
議長	それでは、本議案について、ご発言のある方は挙手をお願いいたします。 ……（質疑応答）……

【第2号議案の採決】	
議長	それでは議論も出尽くしたようですので、本議案につき採決を行います。本議案に賛成の方は挙手をお願いいたします。
議場	（賛成者挙手）
議長	ありがとうございます。賛成者が出席者の3分の2以上ですので、第2号議案は承認可決されました。
【第3号議案の上程】	
議長	次に、第3号議案「理事3名選任の件」を上程いたします。理事候補者の氏名および略歴等については、事前に配付いたしております議案書に記載のとおりです。なお、候補者いずれも当組合の組合員になろうとする者であります。また、本議案により選任された理事の任期は今後1年以内に実施される通常総会の終了時までとなります。
【第3号議案の審議】	
議長	それでは、本議案について、ご発言のある方は挙手をお願いいたします。 ……（質疑応答）……
【第3号議案の採決】	
議長	それでは議論も出尽くしたようですので、本議案につき採決を行います。本議案に賛成の方は挙手をお願いいたします。
議場	（賛成者挙手）
議長	ありがとうございます。賛成者が出席者の3分の2以上ですので、第3号議案は承認可決されました。
議場	（拍手）
【第4号議案の上程】	
議長	次に、第4号議案「監事1名選任の件」を上程いたします。監事候補者の氏名および略歴等については、事前に配付いたしております議案書に記載のとおりです。本議案により選任された監事の任期は今後1年以内に実施される通常総会の終了時までとなります。

【第４号議案の審議】	
議長	それでは、本議案について、ご発言のある方は挙手をお願いいたします。 ……（質疑応答）……
【第４号議案の採決】	
議長	それでは議論も出尽くしたようですので、本議案につき採決を行います。本議案に賛成の方は挙手をお願いいたします。
議場	（賛成者挙手）
議長	ありがとうございます。賛成者が出席者の３分の２以上ですので、第４号議案は承認可決されました。
議場	（拍手）
【閉会宣言】	
議長	以上をもちましてすべての議案の審議が終了いたしましたので、本総会を閉会いたします。 ありがとうございました。
【役員挨拶】	
議長	なお、このたび役員に選任されました４名をご紹介いたします。 まず、わたくしは、このたび理事に選任されました坂井享一でございます。よろしくお願いいたします。 次に、理事に選任されました山口桃香でございます。
山口理事	山口でございます。よろしくお願いいたします。
議長	同じく理事に選任されました寺山茜でございます。
寺山理事	寺山でございます。よろしくお願いいたします。
議長	続きまして、監事に選任されました村木太郎でございます。
村木監事	村木でございます。よろしくお願いいたします。
議長	以上でございます。本日は誠にありがとうございました。

6
出資を払い込み、登記をしよう

創立総会も無事終わりましたね、皆さん、お疲れ様でした！さっそくですが、出資の払込みの手続きを進めていきましょう！

使ってない口座があったから、ひとまず、そこにみんなに出資金を振り込んでもらうことにすればいいんじゃないかと思うんだけど、どうだろう？

プライベート口座と分けるのは管理しやすくていいですね！

じゃあみんな、ココに振込みをお願いします！

今後は法人口座を開設して、事業に関する入金や支払いは、その口座にまとめていきましょう。出資の払込みが終わったら、登記の手続きです。**登記が済めば、いよいよワーカーズ・コープの発足**ですよ！

出資の払込みの手続き

発起人から事務の引渡しを受けた理事は、遅滞なく、組合員になろうとする者に対し、出資の第1回の払込みをさせなければなりません（法25条1項）。具体的には、第1回の払込期日を指定し、払込みの方法（振込みか現金払いかなど）、払込金額、払込先、割当対象となる出資口数等を通知することになります。

出資は原則として現金で、かつ第1回の出資金額は定款で定めた出資一口の金額の4分の1以上である必要があります（同条2項）。

定款で現物出資が認められている場合には、第1回の払込期日に目的財産の全部を給付します（同条3項）。その際、目的財産が動産（事務機器、自動車、原材料等）であれば現物の引渡しと引渡証明書の交付（自動車の場合には名義変更手続も必要です）、建物等の不動産であれば所有権移転登記手続、引渡証明書交付、鍵の引渡し等が必要となります。

登記の手続き

労働者協同組合は、主たる事務所の所在地において設立の登記をすることによって成立します（法26条1項）。

登記の完了により組合が成立した日から2週間以内に、登記事項証明書および定款を添付して、組合の成立および役員の氏名・住所を行政庁に届け出る必要があります（法27条）。

7
労務関係・社会保険関係の手続きを行おう

登記も無事できましたね！　これでワーカーズ・コープが発足です。すぐに労務関係・社会保険関係の手続きを行って――さっそく法人として動き始めましょう！

ここまですごく大変だったけど、いやぁ、嬉しいね。
すぐに手続きを、ってことだけど、具体的にはどんな手続きが必要なの？

まずは**組合と組合員とで、雇用契約を締結する**ことが必要です。**厚生労働省のホームページから「労働条件通知書」のひな型をダウンロードして使うのが簡便**ですよ。雇用契約の締結は、一般組合員の中松さんと僕はもちろん、**理事の山口さん、寺山さんとも行うことが必要**ですから注意してくださいね。

役員も雇用契約が必要なんだ⁉

はい。**代表理事は必要ありません**ので、坂井さんは大丈夫です。
雇用契約の締結が完了したら、行政庁に労働者協同組合成立の届出を行います。届出は登記が済んでから2週間以内にしないといけませんから、それほど時間はありませんよ。

様式第1（第5条関係）

年　月　日

・・・・・都道府県知事殿

組合の住所及び名称

組合を代表する理事の氏名

労働者協同組合成立届書

労働者協同組合法第27条の規定により労働者協同組合の成立を別紙の登記事項証明書、定款並びに役員の氏名及び住所を記載した書面を添えて届け出ます。

備考1：この用紙は、A列4番とすること。
2：必要があるときは、所要の変更又は調整を加えることができる。

よし、すぐに取りかかろう！

あとは、**労災保険や雇用保険、社会保険の手続き**もしなくちゃいけません。

そのあたりは社労士の大嶋先生、よろしくお願いします！

労働契約の締結

労働者協同組合は、その行う事業に従事する組合員との間で、労働契約を締結する必要があります（法20条。ただし、組合の業務を執行し、または理事の職務のみを行う組合員や、監事である組合員を除きます）。

契約締結のタイミングですが、労働者協同組合が成立（登記が完了）した日から2週間以内に組合の成立について行政庁に届け出なければならない（法27条）ところ、この届出前に行うことが望ましいでしょう。行政庁への届出時に、労働契約の締結の有無について問われる可能性があります。契約の締結ができるのは労働者協同組合の成立後となりますから、あまり時間はありません。

労働条件通知書

令和＊＊年＊＊月＊＊日

山口　桃香　　殿

＊＊県＊＊市＊＊町＊丁目＊番＊号

労働者協同組合 まちなかコミュニティわかば

使用者及び労働者は次の通り雇用契約を締結し、双方で各1通ずつ保有する。
本書面は、労働者が使用者の提示した上記の労働条件の内容について、その一切を理解し、承諾したことを証する書面である。

令和　　年　　月　　日

（使用者）＊＊県＊＊市＊＊町＊丁目＊番＊号
労働者協同組合 まちなかコミュニティわかば　㊞

（労働者）　㊞

社会保険関係の手続き

登記事項証明書ができたら、労災保険・雇用保険・社会保険の手続きが必要です。

労災保険は労働基準監督署、雇用保険は公共職業安定所、社会保険は年金事務所で手続きを行います。管轄が決まっていますので、労働者協同組合の住所地を管轄するところで手続きを行ってください。

労働者協同組合成立の届出

登記の完了により組合が成立した日から2週間以内に、登記事項証明書および定款を添付して、労働者協同組合の成立および役員の氏名・住所を行政庁に届け出る必要があります（法27条）。行政庁は、主たる事務所のある住所地の都道府県知事です（法132条）。

STEP 5

事業計画の再点検をしよう

1
事業計画を見直そう

さて、法人化からじき半年が経つわけだけど……。今日は、それぞれ感じている課題を出してもらって、その対応策を考えていこうか。

ここのところ、また利用者が減っちゃってるよね。なんとかテコ入れしないと……。

ランチセットの注文もあまり入らなくなってきちゃった。今のキッチンだとどうしても提供できるものに限界があるから、飽きられちゃってるのかも。注文はドリンクばっかりで、それで利用者数も少ないとなると、売上もちょっと厳しいなぁ。

ノマドワーカーは、仕事をする場っていうだけじゃなくて、勉強や情報交換ができるとか、仕事を紹介し合えるとか、ここがそういう場になればもっと頻繁に来てくれそうな気がするんだけど、どうだろう？

それなら、ココをワークショップとか勉強会にセミナー、交流会みたいなことをする会場として、時間を区切って貸し出すってのはどうかな？ 利用料はとらせてもらって。

それいい！ 貸出時間によっては、ランチ込みプランとか、おやつ付きプランなんかをつくるのもアリかも！

それだと提供数も事前に見通しが立つからありがたいわ。

キッチンが今よりもっと稼働するようになるなら、改修を考えてもいい頃合いだよなぁ。

もしキッチンを広くできれば、パーティーメニューとかもつくれるようになりそう。大がかりな会合の場に使ってもらえれば、それだけ利用料もとれるんじゃない？ 料理担当のアルバイトを増やして、テイクアウトにデリバリーなんかも始められるかも！

一度その方向で事業計画を見直してみようか。キッチンへの投資の回収のめどと、利用料をとってスペースを貸し出すメリット、その間はほかの人が利用できなくなっちゃうデメリットも勘案して、シミュレーションしてみよう。

事業計画見直しのポイント

事業を展開していく上では日々PDCAサイクル（☞81ページ）をまわしていくことが大切ですが、事業計画も、半年程度を目安に見直していくとよいでしょう。講じた改善策が実際にどこまでよい影響を及ぼしているかは、具体的な数字に落とし込んでみないと正確にはわからないからです。

事業を始めて時間が経ってくると、提供するサービスも変わってくるものです。サービスの種類が増えることも考えられますし、時間帯によってサービスの提供方法を変えるようになることもあるでしょう。たとえば「サービスAの客単価・コスト×客数」「サービスBの客単価・コスト×客数」「サービスCの客単価・コスト×客数」……といった形で細かく分析してみると、どのサービスが全体に大きなインパクトを与えるものであり、重要なのかもみえてきます。

投資についての考え方

新たに設備投資をしようとする場合には、投資した設備を何年使用するかを考えると、投資の是非の判断がしやすくなります。たとえば30万円の設備を、5年間使用する前提で購入するとしましょう。この場合、1か月当たりの投資額は5,000円です。ごく単純に言って、この設備投資により月5,000円以上の利益が新たに生まれることが見込まれるのであれば、その投資はぜひ行うべきということになりますし、そうでないならやめたほうがよいでしょう。
　もちろんこれは、その設備を使用して行われるサービスの提供が5年続いたとした場合の計算です。うまくいかずに早期にサービスが終了し、その設備が使用されなくなってしまえば、月当たりの投資額はふくらんでしまいます。サービスの持続可能性は、慎重に検討すべきです。

メリット・デメリットのシミュレーション

坂井さんたちは、収支を改善するため、キッチンを改修して提供するメニューを強化し、パーティーに対応できるようにしたり、テイクアウトやデリバリーを新たなサービスとして導入したりすることを検討することとしました。これにより想定される売上と、キッチン改修への投資のバランスを、表計算ソフト等を用いてシミュレーションしていくことになります。

あわせて、スペースの利用者が減っていることから、お店をワークショップやセミナーの会場として貸し出すことも検討するようです。これは、追加の投資が不要だという点では上策といえるでしょう。しかし一方で、ワークショップやセミナーが開催される時間帯には既存顧客がスペースを利用できなくなってしまいます。利用前にはいちいちこうしたイベントが開催されていないかどうかを確認しなければならないとなると、利用を敬遠する人も出てきてしまうかもしれません。こうしたデメリットも洗い出し、シミュレーションしたうえで、とるべき改善策を決定する必要があります。

2
状況の変化に対応しよう

寺山さん、急に「みんなにあらたまって話したいことがある」なんて、どうしたの？ 何かあった？

実は主人の転勤が決まって……再来月から、家族で海外に行くことになってしまったの。

えぇっ!?

海外に行くとなったらもちろんここでの仕事は続けられないし、それにうちはこの県に住んでいないと会員でい続けられないでしょ？ 残念だけど脱退させてもらいたいと思って……。

事情が事情だからしかたないけど、でもどうしよう、パーティープランにテイクアウト開始の案内もスタートしちゃったし、急いで料理できる人を探さないと……。

一応、あてはあるの。私の友達に田川さんって人がいるんだけど、管理栄養士で料理の腕もバッチリでね、子育ても一段落したからまた料理の仕事がしたいって。ここのことをちょっと話してみたら、興味を持ってくれたわ。

よかった！　どうなっちゃうかと思ったよ～。

あれ？　でも理事って３人必要なんだよね。寺山さんが抜けたら理事が２人になっちゃうけど……それで大丈夫なのかな？

いえ、理事は３名必要です。ですから、寺山さんの代わりに、中松さんか僕が理事になるか、新しく入る方に理事になっていただけるようお願いするか、調整が必要ですね。

え～僕は責任持たされるのはちょっと……。

迷惑をかけちゃってごめんなさい。まずはみんなに田川さんを紹介させてもらって――理事をどうするかはそれから話し合いましょうよ。

新たな組合員の加入

労働者協同組合に組合員として加入するためには、定款（☞109ページ）で定める組合員の資格を有していることを条件に、定款で定める手続きに基づいて、組合の承諾を得て出資口数に応じた出資金を支払うことが必要です（法12条2項）。組合は、組合員の資格を有する者が組合への加入を申し込んだ場合には、正当な理由なくこれを拒絶したり、加入に際し特別に困難な条件をつけたりすることはできません（同条1項）。

新たに労働者協同組合に加入しようとする者は、定款で定めるところにより加入について組合の承諾を得、引受出資口数に応じた金額の払込みを完了した時に組合員となります（同条2項）。

組合員の脱退（自由脱退）

組合員は、組合に対し原則として90日前までに予告することによって、その事業年度末に労働者協同組合を脱退することができます（法14条1項）。その理由は問われません。

予告期間については、定款の定めにより、1年を超えない期間まで延長することができます（同条2項）。

なお、組合を脱退したとしても、当然に組合に対し労働者としての地位を失うものではないことに注意が必要です（法20条2項）。組合員とは労働契約を締結しなければなりませんが、労働契約締結後組合員の資格を失ったとしても、それで労働契約そのものがただちに解約されるわけではありません。わかりやすくいうと、組合を脱退して組合員でなくなっても、一定の要件（☞28ページ～参照）を満たせば、労働者として働き続けることは可能です。

組合員の脱退（法定脱退）

次の事由に該当した場合、組合員は、労働者協同組合を脱退することになります（法15条1項）。

□組合員としての資格を失ったとき（1号）
□死亡したとき（2号）
□除名されたとき（3号）

このうち、除名とは、組合員としての地位を失わせることです。組合は、総会の議決により、①長期間にわたって組合の行う事業に従事しない組合員、②出資の払込みその他組合に対する義務を怠った組合員、③その他定款で定める事由に該当する組合員、を除名することができます（法15条2項）。組合員を除名しようとする場合、組合は、総会の10日前までに、除名の対象となる組合員に対しその旨を通知し、かつ、総会において弁明する機会を与えるとともに、除名を議決した場合には除名した組合員にその旨を通知しなければなりません（同条2項・3項）。

脱退した組合員への持分の払戻し

脱退した組合員は、組合に対し、持分の払戻しを請求することができます（法16条1項）。

払い戻す金額は、持分取得時に払い込んだ出資額を上限として、脱退した事業年度末における組合財産を基準にして算定されます（同条2項）。脱退時に未払いの出資額があり、脱退年度末において組合が債務超過の状態にある場合には、組合は、脱退した組合員に対し、未払いの出資額の全部または一部の払込みを請求することができます（同条3項）。

理事が組合を脱退する場合の取扱い

理事は組合員でなければなりませんので（法32条4項本文）、

理事である組合員が組合を脱退する場合、同時に理事も辞任により退任することになります。理事の定数は法律で「3人以上」と定められているところ（同条2項）、理事が3人の場合には、うち1人でも組合を脱退すると、欠員が生じることになってしまいます。

この点、任期満了や辞任によって役員に欠員が生じた場合、新たに役員が選任されるまで、退任役員が役員としての権利義務を有するとされています（法37条1項）。組合を脱退するに際して理事を辞任する場合にもこの条項が適用されるのかについてはいくつかの考え方があり得るところですが、欠員が組合業務に支障を与える可能性を考えれば、新たに総会で後任理事が選任されるまでは、組合員兼理事としての地位は継続するものと考えるのが妥当と思われます。

役員の改選

組合員は、総組合員の5分の1（これを下回る割合を定款で定めた場合にあっては、その割合）以上の連署をもって、役員の改選を請求することができます（法53条1項）。この請求について、総会で出席者の過半数の同意があったときは、その請求にかかる役員は、その職を失います（同項）。

改選の請求は、法令または定款もしくは規約の違反を理由として行う場合を除き、理事の全員または監事の全員について、同時に行う必要があります（同条2項）。

改選の請求があった場合、その請求にかかる役員に対しては、総会において弁明の機会を与えなければなりません（同条5項）。

memo.

STEP 6

1 年の締めくくりをしよう

1
決算をしよう

いよいよ初年度の総会の準備の時期が来ましたね。これが1年の総仕上げです。皆さん、最初の1年、本当にお疲れ様でした。

総会なんて、個人じゃやらないことだからドキドキするわ。

総会では、役員の選任や、決算の承認などを行います。今回、田川さんが寺山さんに代わって役員に選任されることになりますから、その際に必要な手続きについてもご説明しますね。

何度も言うようだけど、みんなには本当に迷惑をかけちゃって……。

寺山さん、もう来週出発だっけ？ こっちに戻ってきたら、また一緒にやろう！

ぜひ！

それまで存続できるように私たちが頑張らなきゃね。

それと田川さん、改めて、役員を引き受けてくれて本当にありがとう！

いえいえ。私もまたお料理に関わるお仕事ができることになって嬉しいですし……力不足かもしれませんが、役員になるからには自分も頑張って盛り立てていかないとって、責任感も湧いてきます！

田川さん、頼もしいね！ これから一緒に〚一丁目カフェ〛を盛り上げていこう！

決　算

理事は、各事業年度にかかる貸借対照表、損益計算書、剰余金処分案または損失処理案および事業報告書とこれらについての附属明細書を作成したうえで、監事の監査を受け、理事会の承認を得たのち、通常総会の通知とともに組合員にこれらの書類を提供し、決算書類については通常総会の承認を得て、さらに事業報告をしなければなりません（法 51 条 2 項〜10 項、法施行規則 17 条〜56 条）。

会　計

理事は、組合を運営するにあたり、正確な会計帳簿等を作成し、保存しなければなりません（法 52 条 1 項・2 項）。組合の会計は、一般に公正妥当と認められる会計の慣行に従うものとされます（法 75 条、法施行規則 57 条〜61 条）。

労働者協同組合の会計の特徴①　準備金の積立て

労働者協同組合は、定款で定める額に達するまでは、毎事業年度の剰余金の 10 分の 1 以上を準備金として積み立てなければなりません（法 76 条 1 項）。この定款で定める額は、出資総額の 2 分の 1 を下回ってはなりません（同条 2 項）。この準備金は、損失の補塡にあてる場合を除き、取り崩すことができません（同条３項）。

労働者協同組合の会計の特徴②　就労創出等積立金

組合は、その事業規模および事業活動の拡大を通じた就労の機会の創出を図るために必要な費用にあてるため、毎事業年度の剰余金の 20 分の１以上を「就労創出等積立金」として積み立てなければなりません（法 76 条４項）。これは、事業を持続可能なものとして成長発展させるという中長期的な観点から、将来事業の拡大のための活動に活用するため、つまり「事業づくりのための資金」を内部留保するものです。組合の事業の拡大が組合員の就労機会の確保につながるという発想から設けられた制度です。

労働者協同組合の会計の特徴③　教育繰越金

組合は、組合員の事業に関する知識の向上を図るために必要な費用にあてるために、毎事業年度の剰余金の 20 分の１以上を「教育繰越金」として翌事業年度に繰り越さなければなりません（法 76 条５項）。組合には、「地域のために、自分のライフスタイルに合わせ自分の能力を活かして働きたい」という人が集まってきます。こうした組合員の能力向上を図ることは、組合員の労働者としての成長をうながすとともに、地域に根ざした事業を展開する組合活動の持続可能性にも貢献することになります。教育繰越金は、そのような労働者の能力向上、つまり「人づくりのための資金」を剰余金から優先的に支出させるために設けられた制度です。

剰余金の配当

組合に出資を行った組合員に対しては、剰余金のなかから配当が行われます。

配当については、年度の決算において損失を補填し、剰余金の10分の1以上を準備金に組み入れ、剰余金のそれぞれ20分の1以上を就労創出等積立金および教育繰越金に計上したあとの残りの剰余金からでなければ行ってはならず（法77条1項）、また、配当額は、組合員が組合の事業に従事した程度に応じて決定しなければならない（従事配当。同条2項）と定められています。

2
総会を開こう

それじゃあ、『労働者協同組合 まちなかコミュニティわかば』の第１回総会を始めようか！

「通常総会」と「臨時総会」

総会には、「通常総会」と「臨時総会」があります。

通常総会は、定款（☞109ページ）で定めるところにより、毎事業年度1回、招集しなければなりません（法58条）。

臨時総会は、必要に応じて、定款で定めるところにより不定期に招集される総会です（法59条）。

議決事項・報告事項

次の事項については、総会の議決を経なければなりません（法63条）。なお、議決することができるのは、原則として招集通知に記載された議事についてのみとされています（法64条4項）。

□定款の変更
※定款を変更したときは、変更の日から2週間以内に、変更にかかる事項を行政庁に届け出る必要があります。

□規約の設定・変更・廃止
※定款で、軽微な変更は総会の議決を経ずに行うことができるものと定めることが可能です。

□毎事業年度の収支予算および事業計画の設定または変更

□組合子会社株式等の譲渡

□労働者協同組合連合会への加入または同連合会からの脱退

□その他定款で定める事項

また、次の事項は、総会に報告されなければなりません。

□毎事業年度の事業報告（法 51 条 9 項）
□組合員の意見を反映させるための方策の実施の状況およびその結果（法 66 条 1 項）
□就業規則が作成または変更された場合にはその内容（法 66 条 2 項 1 号・2 号）
□労働協約が締結された場合にはその協約の内容（法 66 条 2 項 3 号）など

総会の招集手続

総会は、原則として理事会の決議に基づいて招集されます（法 61 条 2 項)。組合員に対する招集通知は、原則として会日の 10 日前までに、会議の目的事項を記載し、組合員名簿に記載された住所宛てに発送されなければなりません（法 61 条、62 条)。手続きの詳細は、定款で定めることができます。

また、各組合員は、総組合員の 5 分の 1（これを下回る割合を定款で定めた場合にあっては、その割合）以上の同意を得て、会議の目的である事項および招集の理由を記載した書面を理事会に提出して、総会の招集を請求することができます（法 59 条 2 項)。理事会がこれに応じて 10 日以内に総会を開催しない場合、招集を請求した組合員は、行政庁の承認を得たうえで、みずから総会を招集することができます（法 60 条、法施行規則 65 条)。

決議要件

総会の議事は、原則として出席者の議決権の過半数で可決となります（法 64 条 1 項。可否同数の場合は、議長の決するところによります）。定足数については、特に定めがありません。

ただし、定款の変更、組合の解散・合併、組合員の除名など、一定の重要な事項については、定足数として総組合員の半数以上の出席を要し、かつその議事も、出席組合員の議決権の 3 分の 2 以上の多数で可決となるとされています（法 65 条）。

議　長

議長は、総会において選任されます（法 64 条 2 項）。議長は可否同数の場合を除き、議決に加わることはできません（同条 3 項。可否同数のときは議長が決することとなります）。

理事の説明義務

組合員は、総会において理事に対し説明を求めることができます。説明を求められた理事は、議事に関係のない質問である場合などを除き、当該事項について説明をしなければなりません（法 67 条、法施行規則 68 条）。

議事録

総会終了後は、議事録を作成し（法69条1項、法施行規則69条）、総会開催の日から10年間、主たる事務所に保管しなければなりません（法69条2項）。

総代会

組合員が200人を超える組合においては、定款で定めるところにより、総会に代わるべき総代会を設置することができます（法71条1項）。総代は、組合員のうちから住所等に応じて公平に選挙されなければならず（同条2項）、その定数は、その選挙の時における組合員の総数の10分の1を下回ってはならないものとされています（同条3項）。総代の任期は、3年以内において定款で定める期間です（同条5項）。

総代会は総会に代わるものではありますが、組合の解散または合併、事業の全部の譲渡について議決することはできません（同条7項）。

◆通常総会　進行シナリオ

【議長の選任】	
坂井	まもなく定刻となりますので、開会宣言の前に議長を選任させていただきます。 議長については、総会の場で互選により選任することとなっております。代表理事のわたくし坂井が務めたいと思いますが、ご異議ございませんでしょうか。
議場	異議なし！
坂井	ありがとうございます。では、わたくしが議長を務めさせていただきます。
【開会宣言】	
議長	それでは定刻となりましたので、ただいまより、〖労働者協同組合 まちなかコミュニティわかば〗の通常総会を開催いたします。
【定足数および出席者の報告】	
議長	まず審議に先立ち、定足数と出席者数について報告いたします。 当組合の事業年度末日現在の組合員数は６名（※坂井、山口、寺山、中松、大嶋、田川）、その議決権総数は６個となっております。 総会の定足数は、定款第 18 条により議決権総数の半数以上を有する組合員の出席ですが、本総会は議決権行使書によりあらかじめ議決権を行使している組合員（※寺山）を含め６名の組合員の出席を得ていますので、必要な定足数を満たしております。
【議事運営方法の説明】	
議長	これから審議に入りますが、議案を上程する前に、議事の運営方法についてご説明いたします。 本総会の議事の運営については、議事の秩序を保つため、議長であるわたくしの指示に従っていただきますようお願いい

	たします。ご発言のある方は、わたくしの指示する順序に従い、氏名をおっしゃったあとにご発言ください。 なお、これから上程する議案のうち、第１号議案および第２号議案については一括上程方式とし、両議案についてご説明をしたのちに質疑応答の機会を設け、そのあとに議案ごとに採決のみを行います。第３号議案・第４号議案・第５号議案については個別上程方式とし、個別に審議および採決を行います。
【第１号議案の上程】	
議長	では、議案を上程いたします。 まず、第１号議案「第１期事業報告の件」を上程いたします。議案の内容については、事前に配付いたしております議案書に記載のとおりですが、その概要をご説明いたします。 ……（事業報告の概要の説明）……
【第２号議案の上程】	
議長	次に、第２号議案「第１期収支決算報告の件」を上程いたします。議案の内容については、事前に配付いたしております議案書に記載のとおりですが、その概要をご説明いたします。 ……（決算報告の概要の説明）……
【監査報告】	
議長	続きまして、監事の村木さんから監査報告をお願いいたします。
監事	監事の村木です。第１期の決算についての監査の結果はお手もとの監査報告書に記載のとおりですが、その概要を報告いたします。 ……（監査報告の概要の説明）……
【第１号議案・第２号議案の審議】	
議長	それでは、ここで第１号議案および第２号議案について、ご質問やご意見をお受けいたします。ご質問やご意見のある

	方は挙手のうえ、わたくしが指名した順序に従って、氏名を述べたうえでご発言ください。 それではご発言のある方は挙手をお願いいたします。 ……（質疑応答）…… それでは議論も出尽くしたようですので、第１号議案および第２号議案につき採決を行います。
【第１号議案の採決】	
議長	まず、第１号議案の採決を行います。本議案に賛成の方は挙手をお願いいたします。
議場	（賛成者挙手）
議長	議決権行使書による分を含め、賛成者が多数ですので、第１号議案は承認可決されました。
議場	（拍手）
【第２号議案の採決】	
議長	次に、第２号議案の採決を行います。本議案に賛成の方は挙手をお願いいたします。
議場	（賛成者挙手）
議長	議決権行使書による分を含め、賛成者が多数ですので、第２号議案は承認可決されました。
議場	（拍手）
【第３号議案の上程】	
議長	続きまして、第３号議案「第２期事業計画承認の件」を上程いたします。議案の内容については、事前に配付いたしております議案書に記載のとおりですが、その概要をご説明いたします。 ……（事業計画の概要の説明）……
【第３号議案の審議】	
議長	それでは、本議案について、ご発言のある方は挙手をお願いいたします。

	……（質疑応答）……
【第３号議案の採決】	
議長	それでは議論も出尽くしたようですので、第３号議案につき採決を行います。本議案に賛成の方は、挙手をお願いいたします。
議場	（賛成者挙手）
議長	議決権行使書による分を含め賛成者が多数ですので、第３号議案は承認可決されました。
議場	（拍手）
【第４号議案の上程】	
議長	続きまして、第４号議案「理事３名選任の件」を上程いたします。現在理事を務めております坂井享一、山口桃香、寺山茜、以上３名の任期が本総会終了をもって満了となりますので、新たに理事３名の選任をお願いするものです。その候補者の氏名および略歴等については、事前に配付いたしております議案書に記載のとおりでございます。
【第４号議案の審議】	
議長	それでは、本議案について、ご質問やご意見をお受けいたします。ご発言のある方は挙手をお願いいたします。 ……（質疑応答）……
【第４号議案の採決】	
議長	それでは議論も出尽くしたようですので、第４号議案につき採決を行います。本議案につき賛成の方は、挙手をお願いいたします。
議場	（賛成者挙手）
議長	議決権行使書による分を含め賛成者が多数ですので、本議案は承認可決されました。
議場	（拍手）

【第５号議案の上程】	
議長	最後に、第５号議案「監事１名選任の件」を上程いたします。現在監事を務めております村木太郎の任期が本総会終了をもって満了となりますので、新たに監事１名の選任をお願いするものです。その候補者の氏名および略歴等については、事前に配付いたしております議案書に記載のとおりでございます。
【第５号議案の審議】	
議長	それでは、本議案について、ご質問やご意見をお受けいたします。ご発言のある方は挙手をお願いいたします。 ……（質疑応答）……
【第５号議案の採決】	
議長	それでは議論も出尽くしたようですので、第５号議案につき採決を行います。本議案につき賛成の方は、挙手をお願いいたします。
議場	（賛成者挙手）
議長	議決権行使書による分を含め賛成者が多数ですので、第５号議案は承認可決されました。
議場	（拍手）
【閉会宣言】	
議長	以上をもちましてすべての議案の審議が終了いたしましたので、本総会を閉会いたします。 ありがとうございました。
【役員挨拶】	
議長	なお、このたび役員に選任されました４名をご紹介いたします。 まず、わたくしは、理事に再選されました坂井享一でございます。よろしくお願いいたします。 次に、同じく理事に再選されました山口桃香でございます。

山口理事	山口でございます。引き続きよろしくお願いいたします。
議長	そして、新たに理事に選任されました田川紅美子でございます。
田川理事	田川でございます。どうぞよろしくお願いいたします。
議長	続きまして、監事に再選されました村木太郎でございます。
村木監事	村木でございます。引き続きよろしくお願いいたします。
議長	以上でございます。本日は誠にありがとうございました。

EXTRA

これからの「協同労働」

無事、初年度の総会が終わりましたね！ 皆さん、お疲れ様でした。

いや～ワーカーズ・コープをつくって１年、その前の段階を含めるともうちょっと、あっという間だったような気もするけど……思い返すと、本当にいろいろなことがあったよね。課題も次々出てきたし、何かと問題も起こったし。でも楽しかったなぁ！

組織を運営するのって、考えなきゃいけないことが多くて大変だった～！ ふだんの仕事じゃ使わない部分の頭をフル回転で使った感じ！ でも、達成感をみんなで分かち合えるのっていいね！

お店をやってくのってこんなに大変なんだなって実感させられたな！ 昔は物件を貸しても、賃料がちゃんと入ってくるかぐらいしか興味なかったけど、今じゃ全店子さんを尊敬してるよ！（笑）

私は途中からの参加ですけど、参加させてもらえて本当によかったなって。地域で責任を持って働く場を持てて、皆さんには感謝してます。寺山さんも、アメリカからメールに電話に……心配して何かと連絡をくれて、とても心強いんですよ。

皆さん、充実感にあふれていますね！　さっそく来年度に向けてですが、実感として、目指したビジネスは実現できていますか？

僕たちの事業目的は『地域のビジネスの拠点となるコミュニティ・カフェをつくる』なわけだけど……みんな、どう？

ビジネスでの利用はもちろんだけど、地域のイベントの会場にしてもらったり、懇談会とか送別会とかで使ってもらったり、地域の人たちに喜んでもらえてる実感はあるよね！

キッチンも広くなったことですし、今後はたとえば親子を対象にしたお料理教室みたいな、“食”についての体験型のイベントの機会なんかもつくっていけるかもしれませんね。

あ、それおもしろそう！　やろうやろう！

商店街からも、カフェのおかげで住人だけじゃない人の行き来が増えて、ちょっとずつだけどまた活気が出てきたって喜ばれてるみたいだよ！

1年目としては、十分な手応えが得られてるんじゃないかな！ 僕としては、今後は『ビジネスの拠点となる』っていう部分にもっとフォーカスして、起業家どうしの交流の機会をつくるとか、地元で新しいビジネスや雇用が生まれるようなしくみをつくるとか、そんなことにもチャレンジしてみたいと思ってるんだ。そうすれば商店街だけじゃなくて地域全体がもっと活性化するだろうし、本当の意味での地域貢献ができるんじゃないかな？

賛成！ これからの展開がすっごく楽しみだわ！

協同労働のヒント❶

長寿と健康への挑戦
「あおば元気アッププロジェクト」

突然ですが、私たちNPO法人 協同労働協会OICHIが本社を構える横浜市青葉区は、実は男性の平均寿命が日本一の地域なんです！ そんな地域で生まれた、「未病の改善」に事業として取り組む「あおば元気アッププロジェクト」をご紹介しましょう。

そもそも「未病」とは、「心身の状態を健康と病気の二分論の概念で捉えるのではなく、『健康』と『病気』の間を連続的に変化するものとして捉え、この全ての変化の過程を表す概念」です（神奈川県ホームページ）。この未病を改善することで、心身をより健康な状態に近づけ、イキイキと生活することができると考えられています。

では、「健康」とは何でしょう？「健康でいよう」と考えたとき、いったい何を、どのようにすればよいのでしょうか？「体」のことを考えて、ランニングやウォーキング、ジム通いを始める人もいるでしょう。「栄養」のことを考えて、野菜を多く摂り、糖分・塩分の摂りすぎに気をつけようとする人もいるでしょう。「心」のことを考えて、ストレスの解消や気分転換を図ったりする人もいるでしょう。

人によって考え方はさまざまですし、自分に合う方法もあれば、合わない方法もあります。いろいろな情報を手探りで集め、そのなかから自分に合った方法を模索して……となると、途中でイヤになってしまうこともありそうですよね。よりわかりやすく、より手軽に、さまざまなアドバイスを受けられ、取組みを始められる——そんな「ワンストップで健康についてご案内できる」場所をつくろうと、健康に通じた専門家が集まってできたのが、「あおば元気アップ／AOBup！（アオバップ）」です。

AOBup は、【体の健康】【心の健康】【食の健康】、さらには地元・地域の交流を通じて人生そのものを豊かにする、いうなれば【人生の健康】を提供することを柱として、地域の人たちの健康を維持・促進し、「地域の健康寿命日本一」、そして真の心の豊かさを追求する団体です。

「みんなが健康でいられる町」になれば、住んでいる人たちの幸福度が上がるのはもちろん、町のことを知らなかった人も町に興味を持ってくれるかもしれません。町の知名度が上がれば、そこからいろいろなビジネスチャンスが生まれることも期待されます。地域に新たな雇用の場も生まれるかもしれません。住む人が健康になることで、町そのものも、元気に活性化していく——これが AOBup が目指すところです。

もちろん、この取組みは一朝一夕でできるものではありません。時間をかけて、じっくり取り組んでいく必要があります。つまり、「事業を継続していく」ことが大切となり、そのためにはビジネスという視点が必要となります。

ビジネスとして取り組むことで、持続可能な組織をつくり、ひいてはその町に新たな雇用も生み出す。なによりその事業に取り組む自分たちが働く場所そのものを、自分たちで創り出していく。AOBup は、「協同労働」の理念を体現した団体であるといえます。

協同労働のヒント❷

横浜北部の名産品をつくる「横浜おみやげプロジェクト」

「横浜」と聞くと、みなとみらいや桜木町、中華街など、横浜南部のイメージが浮かぶという方は多いと思います。また、「横浜みやげ」といえば、おそらく、海沿いの横浜中心部にある有名なおみやげを思い浮かべる方が多いでしょう。

「横浜北部の魅力をもっともっと知ってもらって、地元を活性化させたい！　」――そんな想いで株式会社さくら工房代表取締役・櫻井友子さんが立ち上げたのが、【横浜おみやげプロジェクト～みんなでつくるみんなで育てる横浜みやげ～】です。帰省した際のおみやげであったり、地元の企業が取引先に贈るお中元やお歳暮、来客者に出すお茶請けであったり、自分たちが住む町に名産品ができれば、みんながもっと町のことを好きになってくれるでしょう。また、地元の人たちと協力して、地元の食材を活用した産業を生み出すことができれば、地域に雇用が生まれ、ひいては町の経済の活性化にもつながります。この想いに賛同・共感した地元商店会の会長、弁護士、FP……多彩な仲間が集まって、プロジェクトチームが発足したのでした。

プロジェクトを進めていくなかで、それまで見えていなかった、横浜北部の地域の課題も見つかりました。横浜北部の青葉区、都筑区、緑区は、横浜市内でも比較的田畑の多い地域であり、魅力的な農産物もたくさんあるのに、それがあまり知られていなかったのです。また、ベッドタウンとして、暮らす場所としては大変魅力的であるのにもかかわらず、海沿いの地域ほど特徴的なものがなく、アピールする材料に乏しいという声も聞きました。

この街の魅力を再発見し、誇りを持って全国に届けたい——チームのみんなで資金を出し合い、試行錯誤を重ねて出来上がったのは、100％地域産の野菜・フルーツ・米を使った、米粉のシフォンケーキとフランです。

このお菓子は、今では、地元の方々に愛され、そして全国の皆さんに喜んでいただける、新たな「横浜みやげ」となりました。

このプロジェクトもまた、「協同労働」の精神を実現したものです。プロジェクト発足当時は法人としてつくることはできなかったのですが、今であれば、法人化も検討できるでしょう。法人化すれば、資産・資金の管理も容易になりますし、法律上のさまざまな保護を受けることもできるようになり、よりビジネスを展開しやすくなるものと期待されます。

〜あおば元気アッププロジェクト／AOBup！（アオバップ）

FB　https://www.facebook.com/mebyoaobup/
Mail　aobup.mibyo@gmail.com

〜横浜みやげ　丘のよこはま

HP　https://www.sakura-factory.jp/service/okanoyokohama
Mail　okayoko@machibiz.net

memo.

memo.

執筆者紹介

NPO 法人 協同労働協会 OICHI

来　歴

2008 年リーマンショックによる世界的金融危機で終身雇用制が崩壊したことを背景に、会社からの自立を志し、起業を模索する人が増えました。そのようななかにあって 2011 年 1 月、仲間との絆を軸にコミュニティを拡大すること、そして生涯現役で働く環境を築くプラットフォームを実現することを目指して設立されたのが、NPO 法人 協同労働協会 OICHI（オイチ）です。

もともとは会社員 3 名が、仲間と手を携えて起業を志す「協同起業」の成功体験から、2008 年に任意団体 OICHI サークルとして活動を開始して始まった私たち。ちょっと変わったこの名前は、結成後「最初の 1 円」を稼ぐことに成功したオーディオブック『信長妹お市の生涯』の主人公・お市の方に由来します。また、起業はゼロ（0）からイチ（ICHI）にするのが大変だ、という思いも込められています。

その後、30～40 歳代の会社員や個人起業家を中心に会員も増えたことから、2011 年に神奈川県横浜市において「協同労働協会 OICHI」として特定非営利活動法人（NPO）登記。2014 年 6 月には、地域の課題をビジネスで解決しようと、横浜市青葉区に起業支援センター「一般社団法人まちなか biz あおば」を開設しました。OICHI が目指す、生涯現役で働く環境を築くプラットフォーム――それがまちなか biz あおばです。その事業は、「住所」「場所」などのバーチャルオフィス・コワーキングスペース事業と、「学び」「相談」「人脈」「競業」などのビジネスコミュニティ事業であり、起業した人たちが長く継続して事業を行えるように支援を行っています。

おかげさまで運営は順調で、2020 年 4 月には横浜市緑区に「まちなか biz みどり」、そして 2021 年 12 月には都筑区に「まちなか biz つづき」もオープン。地域の起業とビジネスの展開を支えています。

OICHI の現在地

OICHI の活動のターニングポイントとなったのは、法人設立直後に起きた東日本大震災でした。私たちは当初東京都内を中心に活動していたのですが、震災により地元意識が高まったことで、「これから自立・起業を目指す方が活躍する場は、地元地域にあるのではないか」——地元地域に目を向け、そこでの課題とニーズを掬い取ってビジネスの支援を行おうと、視点が変わったのです。

まず地元・横浜で地域密着型の交流会（「あざみ野ほろ酔い交流会」）を開催し、8 年で 1,000 名以上の方が集うリアルコミュニティをつくることに成功。そのなかで、フリーランスや起業家には「まずは自宅を事務所にしようと思うが、自宅住所を公開するのには抵抗がある」という思いがあることがわかり、このニーズをスペースの活用に悩んでいた商店街とマッチングして、空きスペースを起業家の拠点とするバーチャルオフィス事業が実現したのでした。これは、それぞれの悩みを掛け合わせることによって低リスクでの起業を実現できる「協同起業」「協同労働」をまさに体現するものであったといえます。

現在は、OICHI の支援の間口は大幅に広がりました。起業を志す方だけではなく、たとえば就職難に悩む学生、勤務先の将来と自分の立場に不安を抱える会社員、働き口のないシニア層など、働く環境に不安を抱える多くの方々に対して、「協同起業」「協同労働」を広く普及・促進するためのプラットフォームの構築をするとともに、定例交流会や起業相談会、セミナー等の開催も行っています。労働者協同組合の法制化により、「協同起業」「協同労働」への関心はますます高まるものと考えられ、よりいっそうの支援を行っていきたいと考えています。

OICHI が目指すもの

OICHI では、「自分らしい働き方で生きる人生の実現を目指してほしい」というビジョンを掲げ、その手段として「起業」することを推進しています。もし、この起業を自身が住む地域で行うこと（「職住近接」を実現すること）で、ビジネス面での関係づくりのみならず、地域で遊びや子育て・介護などといった生活の情報を共有したり支え合ったりすることのできる仲間、いわば生涯の仲間をつくることができたら――。

自身が住む地域で自立・開業して、地域の課題をビジネスで解決する事業を行い、それにより人生100年時代を自分らしく働き生きていく生き方。これがOICHIが支援するところであり、実現したいと目指すところです。OICHIでは、これからも、働き方の多様化を提案し、起業機会の創出を図り、「生涯現役の経営者拡大」のシステムを構築することによって、「夢」をもてる国ニッポンの復活を目指してまいります。

●プロジェクト責任者●

坂佐井 雅一　（さかさい まさかず）

NPO法人 協同労働協会OICHI代表

高校卒業後、サラリーマンとして一心に勤め続け会社から大きな信頼を得るも、会社に頼らない、自分のチカラで道を切り拓く人生を歩むことを決意し、起業を志す。以降、一貫して仲間との絆を軸にコミュニティの拡大を目指し、2011年1月に「協同労働協会OICHI」を設立。当初は都内を中心に活動するも、活躍の場は地域にあると、2012年9月に地域密着の第一歩として「あざみ野ほろ酔い交流会」を開始、8年で1,000名以上が集うあざみ野のリアルコミュニティをつくる。

2014年6月、横浜市青葉区に起業支援センター「まちなかbizあおば」を開設。2022年10月現在450名の会員組織に育て上げ、地域ビジネスの可能性を広く知らしめる。2020年4月には同市緑区に「まちなかbizみどり」（会員数110名）、2021年12月には同市都筑区に「まちなかbizつづき」（会員数90名）をオープン、地域の起業家を支えている。

また、地域ビジネス事業として、会員とともに、地産地消のおみやげをつくる「横浜おみやげプロジェクト」、未病改善を図り地域の健康を後押しする「あおば元気アッププロジェクト」などを創出。地域で自立・起業を志す「職住近接」で人生100年時代を自分らしく働く生き方を推奨している。

●統括リーダー●

小嶋 俊一郎 （こじま しゅんいちろう）

小嶋社会保険労務士事務所 代表社会保険労務士

一般社団法人まちなか biz あおば理事

専門学校中退後さまざまな職を経て、2008 年に大手法律事務所にてパラリーガルとして勤務開始。仕事をするなかで、法律の世界で生きていくためには士業の資格が必須と感じ、猛勉強の末、社会保険労務士の資格を取得。これを契機に独立し、小嶋社会保険労務士事務所を開業する。目標として「地域の活性化」を掲げ、社会保険労務士として地元中小企業を支援するかたわら地元商店会副会長も務めるなど、地域に貢献している。

●法律監修●

木村 俊樹 （きむら としき）

たまプラーザ BizCivic 法律事務所代表

弁護士

明治大学法学部卒業後、IT 業界を中心に法務部門に約 30 年間勤務。2020 年 6 月に独立。現在は、横浜市北部を中心に、契約、取引法の分野で中小企業等向けの助言・支援を行っている。

●執筆●

藤村 希 （ふじむら のぞみ）

株式会社ロコっち 代表取締役

中小企業診断士

一橋大学商学部、グロービス経営大学院卒業。大手メーカーで働きながら通学していた大学院で「地域活性化」に興味を持ち、卒業後に、自身が住む神奈川県横浜市青葉区のたまプラーザで起業。地域情報サイトの運営や、地域の事業者・プロジェクトのサポートを行う会社を経営している。

●執筆●

藤野 香　（ふじの かおり）

株式会社ロコっち - たまプラーザ副編集長

ライター

立教大学文学部卒業後、主にバックオフィスの仕事に携わる。育児を機に仕事から離れていたが、ロコっちと出会い「書く」楽しさを知る。取材を通じて相手の本当の想いを引き出すのが得意。取材記事のほか、Web CM や企業紹介動画のシナリオの執筆等を行っている。

●執筆●

木持 浩貴　（きもつ こうき）

小嶋社会保険労務士事務所勤務

明治大学文学部英米文学専攻を卒業後、中学・高校英語科教師を経て現職。読書で培った幅広い知識を活かしたブログも執筆している。

●統括サポート●

山本 康祐　（やまもと こうすけ）

一般社団法人まちなか biz あおば　WEB 担当

2015 年より WEB を活用した会員集客を開始、2019 年に目標としていた会員 300 社を達成する。現在は企画・運営全般に従事。

●イラスト●

山本 弥生　（やまもと やよい）

ydot design　代表

デザイナー

筑波大学芸術専門学群卒業後、会社勤めと専業主婦を経て開業。神奈川県横浜市で WEB サイトや印刷物の制作を行っている。

労働者協同組合の
設立・運営がまるごとわかる本

令和 4 年 12 月 1 日　初版発行

検印省略

編　　者	NPO 法人 協同労働協会 OICHI
発行者	青　木　健　次
編集者	岩　倉　春　光
印刷所	日本ハイコム
製本所	国　宝　社

日本法令®

〒 101 - 0032
東京都千代田区岩本町 1 丁目 2 番 19 号
https://www.horei.co.jp/

(営　業)	TEL	03 - 6858 - 6967	E メール	syuppan@horei.co.jp
(通　販)	TEL	03 - 6858 - 6966	E メール	book.order@horei.co.jp
(編　集)	FAX	03 - 6858 - 6957	E メール	tankoubon@horei.co.jp

(オンラインショップ)　https://www.horei.co.jp/iec/
(お 詫 び と 訂 正)　https://www.horei.co.jp/book/owabi.shtml
(書籍の追加情報)　https://www.horei.co.jp/book/osirasebook.shtml

※万一、本書の内容に誤記等が判明した場合には、上記「お詫びと訂正」に最新情報を掲載しております。ホームページに掲載されていない内容につきましては、FAX または E メールで編集までお問合せください。

ISBN 978-4-539-72885-7